JN114769

Science, Technology, Engineering, Arts, and Mathematics

STEAM教育の実験と
デザインが生む創造的教師
── 科学者&芸術家（理論編）

胸組 虎胤

東京図書出版

ま え が き

　STEAM（Science, Technology, Engineering, Arts, and Mathematics）教育が近年様々な教育関係機関や情報媒体で取り上げられている。STEAM教育はSTEM（Science, Technology, Engineering, and Mathematics）教育から生まれた。しかし，STEM教育は現代社会が求める教育目標（創造性育成と発揮）の達成に十分ではなく，Artsが加わったSTEAM教育の必要性が求められている。この転換はFrom STEM to STEAMと表現されている。また，情報に関する知識や技能が必要な今日，日常生活，職業でも，STEAM的発想は欠かせない。人間の職業が将来的にAI（Artificial Intelligence）によって奪われ，人間の職域縮小を予測する研究もされている。そのため，人間が得意技を発揮してAIを超えるための教育として，STEAM教育が注目されている。

　学校教育でもSTEAM教育推進が求められるが，教育現場でSTEAM教育は必ずしも理解されていない。まず，これから教員になる人たちが学校現場に行く前に，STEAM教育の考え方と教科内容の関係性を理解して欲しい。しかし，そのためには，教育学部さらには大学院の教科書執筆が重要と考えた。これが本書執筆に至った経緯である。本書は教育学部と大学院の両方の学生さんが学べる内容を含んでいる。

　本書ではSTEAM教育の歴史から，教科内容との関係，教科横断と統合・融合の仕組と成果について触れ，実際の学校現場でどの様な取り組みが可能であるかについて紹介していく。

2023年12月2日

　　鳴門教育大学大学院学校教育研究科教科探究総合コース
　　胸組虎胤

目　次

第1章

STEM 教育の歴史

1-1. スプートニクショック

　近年，STEM 教育と STEAM 教育が世界で注目され，様々な取り組みがなされている。STEM 教育とは Science（科学），Technology（技術），Engineering（工学），and Mathematics（数学）の頭文字をとって名付けた頭字語（acronym）で表現される統合的な教育のことである。これに Arts（芸術，またはリベラルアーツ）を加えて，STEAM（Science, Technology, Engineering, Arts, and Mathematics）とした統合的な教育が STEAM 教育である。これらの概念はアメリカで生まれたとされる。

　アメリカで STEM 教育の概念が生まれたきっかけは，1957 年に旧ソ連（ソビエト社会主義共和国連邦）が人類で初めて人工衛星（スプートニク 1 号）の打ち上げに成功したことと見ることができる [1, 2]。当時，アメリカとソ連はいわゆる冷戦状態にあり，既存の航空機の展開とともに，地球全体を含めた将来の防衛戦略は双方にとって重要であった。しかし，ソ連がアメリカの先手を取って宇宙に人工衛星を打ち上げたのである。このことは，アメリカの方が兵器開発力で優位であり，科学先進国であるというプライドを傷つけたとも考えられる。これはスプートニクショックと呼ばれている。飛行中のスプートニク 1 号はアメリカでも見られたようである。このことについては，アメリカの小説『ロケット・ボーイズ』（"Rocket Boys"）[3] に以下のような記述がある。

　「これまで世界で起こる大事件は，みんなどこか遠くの出来事だった。だがスプートニクは目の前をアメリカ合衆国ウェストヴァージニア州の

マクダウエル郡の，コールウッドのうちの裏庭に立っているぼくの目の前を，通り過ぎていった。」[3]

この文にある「ぼく」とは，ホーマー・ヒッカム・ジュニア（Homer H. Hickam, Jr.）のことであり，この自伝的小説の作者である。彼は飛行しているスプートニク1号を見たことに感動して，自分でロケットを開発するプロジェクトを高校で友人とともに進めた。その後，NASA（アメリカ航空宇宙局）の技術者として実際にロケット開発を行い，アポロ計画にも携わった。スプートニクショックの後，アメリカ政府はいわゆる理工系の教育を推進するため，奨学金制度を充実させ，科学者と技術者の養成を促進した。ホーマー・ヒッカム・ジュニアはその制度の恩恵を受けた一人でもあった。

アメリカのこのような理工系人材育成の政策がSTEM教育につながる起点となった。アメリカでの政策とSTEM教育につながる教育との関連を見ていこう。

1-2. STEM教育までの流れ

図表1-1にスプートニクショックからSTEM教育につながるアメリカでの動きについてまとめる。1957年のスプートニクショック以来，1958年に国家防衛教育法が出され，理工系教育の充実が図られた。1961年，ソ連による有人宇宙飛行船ボストーク1号の打ち上げ成功もあったが，1969年にはアメリカの有人宇宙飛行船アポロ11号が人類史上初めて月面に着陸して，人間が月面に立つという大きな成果をもたらした。その後も，理工系の教育は推進され，世界最強の科学大国は維持された。

図表1-1. アメリカの STEM 教育までの歴史(1) [2]

西暦	事項
1957	旧ソ連の人類初の人工衛星「スプートニク1号」打ち上げ
1958	国家防衛教育法（National Defense Education Act） 理数系教育の充実，奨学金制度
1961	旧ソ連が人類初の有人宇宙飛行船「ボストーク1号」を地球の周回軌道に乗せ地球に帰還させた
1969	アメリカの有人宇宙飛行船アポロ11号が月面に着陸し史上初めて人が月面上に立った
1983	教育の卓越に関する全米審議会報告書（NCEE: National Commission on Excellence in Education）「危機に立つ国家」"A Nation at Risk"
1984	経済保障教育法（Education for Economic Security Act〈Title II〉）
1985	米国科学振興協会（AAAS: American Association for the Advancement of Science）が "A Nation at Risk" に答えて Project 2061（全アメリカ人が科学，数学，技術の教養を身に付けることを支援）を公表した。

　ところが，しばらくたった1983年に全米審議会に "A Nation at Risk"「危機に立つ国家」[4] と題される報告書が出された。ここまでは，アメリカ政府が世界的に優れた科学技術開発を進め，大学と大学院での奨学金や，研究機関での研究活動推進に寄与してきた。しかし，一般の生産活動に携わる人たちの教育水準は高くなく，その生産性と品質においては，ドイツ，日本，韓国に劣っていた。当時日本でもよく報じられたのが，アメリカの自動車会社に勤める労働者が，自動車が売れなくなって失業し，腹いせに日本製の自動車をハンマーでたたき壊す映像であった。

　しかし，労働者が日本の自動車をたたき壊しても，販売される日本製自動車の質が低下することはないし，アメリカの自動車の質が向上することもない。アメリカは販売する自動車の質を向上させるため，技術力と労働者の質を向上させるしかない。アメリカの技術と人材育成に関す

る危機感を示した「危機に立つ国家」"A Nation at Risk"[4] に書かれた内容を図表1-2にまとめる。

図表1-2. 「危機に立つ国家」A Nation at Risk に書かれた内容から

1983年 A Nation At Risk 「危機に立つ国家」教育の卓越に関する全米審議会
報告書から；参考：17歳アメリカ人の識字率87%. マイノリティーで40%

歴史は怠け者に
親切ではない.

世界は1つの地球規模の村である. 我々
は本気で, よい教育を受け, 強く動機
付けられた競争相手の中に生きている.

The Risk
History is not kind to idlers. （中略） The world is indeed one global village. We live
among determined, well-educated, and strongly motivated competitors. （中略）
America's position in the world may once have been reasonably secure with only a few
exceptionally well-trained men and women. It is no longer.

100人以上の自然科学系ノーベル賞受賞者 （女性4人：Gerty Theresa Cori（'47生理学
医学）；Maria Göppert-Mayer（'63物理学）；Rosalyn Sussman Yalow（'77生理学医
学）；Barbara McClintock（'83生理学医学）を含む）

The risk is not only that the Japanese make automobiles more efficiently than Americans and
have government subsidies for development and export. It is not just that the South Koreans
recently built the world's most efficient steel mill, or that American machine tools, once the
pride of the world, are being displaced by German products.

世界でのアメリカの地位はか
つては例外的に良い教育を受
けたわずか少数の男女により,
適度に安定を保ってきたかも
しれない. しかし, もはやそ
うではない.

危機は, 日本がアメリカより効率的に自動車を
作り, 開発と輸出の政府助成金を出しているこ
とばかりではない. 韓国が最近世界で最も効率
的な製鉄所を建設し, アメリカがかつて世界に
自負していた工作機械が, ドイツ製に置き換わ
りつつあることばかりではない.

1983年当時のアメリカでは17歳の英語の識字率87%, アメリカの外部から移住してきた人たちが多くを占めるマイノリティーでは40%であった [4]。このような状態では, 工場におけるコミュニケーションも困難であり, 彼らがアメリカで学ぶこともむずかしかったかもしれない。その時点まで, アメリカは世界をリードする科学大国であり, 自然科学系でのノーベル賞受賞者は100人以上でそこには4人の女性も含まれていた。

図表1-3. アメリカの STEM 教育までの歴史(2) [2]

西暦	事項
1989	米国科学振興協会「科学的教養のための水準点」(AAAS Benchmarks)

1989	全米数学教員協議会「学校数学のための原則とスタンダード」(NCTM: Mathematics Education Standard)；米国科学振興協会が「すべてのアメリカ人のための科学」(Science for All Americans)を出版；NSFがSMET (Science, Mathematics, Engineering, and Technology) という用語を使用 (A, Sahin, A Practice-based Model of STEM Teaching, p. 9, Sense Publisher, 2015)。
1993	NSFによりSMET教育への研究資金供給が始まった。 Science, 262, p. 1642, 1993.にSMET教育への資金供給の紹介
1996	全米研究評議会が「全米科学教育スタンダード」(NRC Science Education Standard)
2000	「学校数学のための原則とスタンダード」改定
2001	NSFがSTEM (science, technology, engineering, and mathematics) という頭文字を最初に使用した (2003に正式採用)。
2012	NRCが「幼稚園から高校までの科学一貫教育の枠組み」A Framework for K-12 Science Educationが発刊された
2013	「次世代科学標準」(Next Generation Science Standards) が発刊された
2015	STEM教育法 (STEM Education Act of 2015)
2017	STEMからSTEAMへの改正法 (STEM to STEAM Act of 2017)

　ただし，一般の技術者の質はドイツ，韓国，日本に比べて劣っていたようである。優れた科学者を輩出しても，それだけでは生産活動の効率を高め，よく売れる物を作れるとは限らない。"A Nation at Risk"「危機に立つ国家」をうけて，経済保障教育法（Education for Economic Security Act 〈Title II〉）が制定され（1984年），雑誌 Science を発行している米国科学振興協会（AAAS: American Association for the Advancement of Science）が"A Nation at Risk"に答えて Project 2061（全アメリカ人が科学，数学，技術の教養を身に付けることを支援）を公表した（1985年）。これは，全アメリカ人へ科学技術志向の教育推進を提唱した。

　米国科学振興協会「科学的教養のための水準点」（AAAS Benchmarks）が1989年に出され，一般人の科学への知識が求められた（図表1-3）。

米国科学振興協会が『すべてのアメリカ人のための科学』(*Science for All Americans*) を出版した。その後、1990年前後の時期に初めてNSF (National Science Foundation：全米科学財団) からSMET (Science, Mathematics, Engineering, and Technology) という頭字語が出された。

NSFはしばらくの間、SMETという言葉を使用していた。しかし、SMETの発音がsmut (汚れ、すす、卑猥、黒穂病などの意味) の発音に似ていたので、理事長補佐だったジューディス・ラマレイ博士 (Dr. Judith Ramaley) が不満を漏らしたとされる [2]。STEMはScience, Technology, Engineering, and Mathematicsの頭文字で、上記のジューディス・ラマレイが2001年に命名し、STEMの概念を現実世界の課題解決とか、革新的なことを追求する機会という文脈上の学修に位置づけた。NSF長官のリタ・ロッシ・コルウェル博士 (Dr. Rita Rossi Colwell) が2003年に正式名称をSTEMに変更した。STEMを使用する以前に発行されていた *Journal of SMET Education* は4巻3号から *Journal of STEM Education* に変更された (図表1-4)。雑誌名変更の経緯についてはホームページに書かれている [5]。頭字語の変更もあってか、その後STEMという言葉が知られるようになった。

図表1-4. SMET から STEM への名称変更の経緯 [5]

- ・1990年前後
  使われた SMET の発音は smut (すす、汚れ、卑猥、黒穂病の意味) に類似。

- ・2000年
  Journal of SMET Education 第1巻発刊。

- ・2001年
  全米科学財団 (NSF: National Science Foundation) の Ramaley が SMET の代わりに STEM を提唱。

- ・2003年
  Journal of SMET Education 第4巻1,2号。

SMET

STEM

- ・2003年
  NSF が STEM を正式採用。

- ・2003年
  Journal of STEM Education 第4巻3,4号。

SMET に対して STEM という頭字語は，その頭文字の配置の順番によって異なる意味を連想させる。SMET の場合，最初に S（Science）があり，次に M（Mathematics）が，さらに，E（Engineering）と T（Technology）が書かれている。これは，ある面 S と M が優位に立ち，E と T は優位度が低いため後に置かれたとも解釈できる。SM が先で ET がそれに従うこととも取れる。一方，STEM は S と M が E と T を挟んで一体化し，統合されたイメージとも取れる。さらに，STEM は「幹」，「枝分かれの基」という意味がある。つまり，これからの人間の中心になる教育のことをつづりでも表現できている。STEM という言葉の浸透しやすさもあってか，その意図する教育はアメリカに広まっていった。

1-3. STEM教育の枠組み提案

NSF は様々な教育支援金を給付して STEM 教育の活動を支援してきた。この活動が進んでいく中で，2012 年になると，A Framework for K-12 Science Education [6] という科学教育の枠組みが，National Research Council（米国学術研究会議）から提案された（図表1-5）。これは，小学校就学前の幼稚園（kindergarten）から12 年生（高等学校 3 年生）までを通した枠組みであり，(1)科学と工学に関する実習，(2)教科横断的概念，(3)教科内容の中心的な概念（Core Ideas）という 3 つの次元から構成された。この枠組みはアメリカにおける STEM 教育の基礎となった。

この枠組みには，STEM 教育の目的として，(1)すべての児童生徒が科学と工学の基礎を学ぶこと，(2)将来，科学者や技術者になる児童生徒の基礎教育を掲げた。この概念的な枠組みである A Framework for K-12 Science Education は，各州における科学教育への展開を目指した NGSS（Next Generation Science Standards）[7] で具体化された。

そこに書かれている内容は，2 つの教育対象を示している。1 つはす

図表1-5. A Framework for K-12 Science Education と Next Generation Science Standards

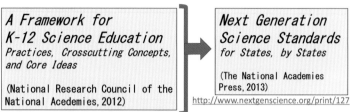

STEM教育の二つの主要な目的：
(1)すべての児童生徒を科学と工学で教育する。
(2)将来の科学者，エンジニア，テクノロジスト，テクニッシャンになる児童生徒に基本的な知識を提供する。

べての児童生徒を科学と工学で教育することである。これは全ての人間が必要とするSTEM教育の重要性を示している。また，科学や工学を専門とする進路を目指す児童生徒への充実した教育をすることである。

1-4. すべての児童生徒を科学と工学で教育する目的

図表1-5にあるように，すべての児童生徒を科学と工学で教育する目的は何であろうか。これは従来から設定されてきた科学教育の枠組みを大きく拡大することにつながる。1983年の"A Nation at Risk"「危機に立つ国家」（図表1-2）に述べられているアメリカ労働者の質低下の認識は，当時のアメリカ科学教育の内容を変革しようとすることにつながった。求められていたのは科学に関する基礎教育であり，同じくそれを基礎として工場労働者も科学者も育成される。基礎的な科学の内容が全てのアメリカ国民が身に付けるべきことだった。さらに，ここに工学的な教育が加わった。従来から学ばれてきた科学の内容に加え，その当時，工学的な内容が労働者の育成とともに国民全体に求められてきた。

これらは初等中等教育での科学教育の内容であるが，それを基礎として高等教育につながる方向性を示したともいえる。いわば科学好きの若

者を増やして，その人たちが大学や大学院に進学して，アメリカの高等教育や産業界で活躍することにつながることをもくろんでいただろう。

1-5. STEM 教育の成果：エンジニア，テクノロジスト [8]，テクニッシャン

　図表1-5に示されたいくつかの人材の区別について説明しよう。

　同じ項目に書かれた科学者については必ずしも，技術や工学での生産活動にかかわらず，自然科学の学問的な仕事をする人たちである。エンジニア，テクノロジスト [8]，テクニッシャンは技術や工学に関わる職業の人たちである。従来は，エンジニアとテクニッシャンという 2 つの区分けが一般的だったが，その間にテクノロジストという職域が提案された。

　たとえば，工場の仕事で実際に資材の試作や製造に携わる人たちはテクニッシャンである。これらの人たちが作った資材の評価・分析をする人たちはテクノロジストであり，工場での生産システムの効率化を考え，製造機械の設計や新しい提案を行うのがエンジニアである。

　これらの区分は必ずしも工場での勤務に適用されるだけではない。様々な専門的な技術に関わる人たちにも当てはまる。たとえば，歯科の関係で働く人たちであれば，入れ歯や差し歯の製作等に直接関わる歯科技工士の人たちは，テクニッシャンであり，歯の疾患や口腔衛生に関する具体的な作業をする歯科衛生士の人たちは，テクノロジストである。しかし，実際に診察に携わる歯科医師はエンジニアではない。

　工学的，技術的な教育をどの水準まで受けたかによっても分類できる。高等学校水準であればテクニッシャン，高等専門学校か短大水準であればテクノロジスト，大学卒業以上であればエンジニアと呼ばれる。

　技術を発揮する経験と実績，能力でも分けられる。テクノロジストについて最初に定義したのはペーター・ファーディナンド・ドラッカー（Peter Ferdinand Drucker）である [8]。国際エンジニアリング連合（International Engineering Alliance: IEA）によって定義されたエンジニア，

テクノロジスト，テクニッシャンも知られている [9]。

 第1章　まとめ

1．STEM 教育は Science（科学），Technology（技術），Engi-neering（工学），and Mathematics（数学）の頭字語（acronym）で表現した統合的な教育のことである。
2．1957年のスプートニクショックが STEM 教育のきっかけとなった。
3．1983年の A Nation at Risk によって示されたアメリカの科学系教育への危機感から教育支援が進められ，1990年代 SMET 教育が生まれた。
4．2001年には SMET 教育に変わる STEM 教育が提案され，科学教育がさらに促進された。
5．2012年には *A Framework for K-12 Science Education* が，2013年には *Next Generation Science Standards* が発刊され，工学も含めた科学教育の具体的なカリキュラムが提案された。

第2章

A Framework for K-12 Science Education から見る STEM 教育

2-1. A Framework for K-12 Science Education の3Dの枠組み [6]

　第１章で紹介した *A Framework for K-12 Science Education* の内容について見ていこう。その枠組みは，１．科学と工学の実習，２．横断の概念，３．学問分野（教科）のコアアイデア（Core Ideas：中心的概念）からなる（図表2-1, 2-2）。

図表2-1. K–12 Science Education の３次元の枠組み

```
3. Disciplinary Core
Ideas
1.Physical Sciences
2.Life Sciences
3.Earth and Space Sciences
4.Engineering, Technology and
  Application Sciences

3D
Framework

2. Crosscutting
Concepts
1.Patterns
2.Cause and effect: mechanism
  and prediction
3.Scale, proportion, and quantity
4.Systems and system models
5.Energy and matter: flows, cycles,
  and conservation
6.Structure and function
7.Stability and change

1. Scientific and Engineering
Practices
1.  Asking questions (for science) and
    defining problem (for engineering)
2.  Developing and using models
3.  Planning and carrying out investigations
4.  Analyzing and interpreting data
5.  Using mathematics and computational thinking
6.  Constructing explanations (for science) and
    design solutions (for engineering)
7.  Engaging in argument from evidence
8.  Obtaining, evaluating, and communicating information
```

2-2. A Framework for K-12 Science Educationの学問分野（教科）Core Ideas

　まず，３．学問分野（教科）のCore Ideasから見ていこう。

　１．Physical Science は物理学と化学である。２．Life Science は生物学に相当する。３．Earth and Space Science は地球と宇宙の科学を意味し，地学に相当する。さらに，４．Engineering, Technology and Application Sciences は工学，技術，応用科学を意味する。日本で言えば理科に相当するアメリカの科学には，基礎的な自然科学領域である物理学，化学，生物学，地学に加えて，応用的な領域が加えられている。それぞれのCore Idea はさらに詳細な構成要素からできている（図表2-2）。

図表2-2. 科学と工学等の学問分野（教科）の Core Ideas

学問分野（教科）	Core Idea：中心的概念
Physical Sciences 物理科学	PS1：Matter and its interaction　物質とその相互作用
	PS2：Motion and stability: Forces and interactions 　　　運動と安定性：力と相互作用
	PS3：Energy　エネルギー
	PS4：Waves and their applications in technologies for information transfer　情報変換技術での波とその応用
Life Science 生命科学	LS1：From molecules to organisms: Structure and processes 　　　分子から生命体へ：構造と過程
	LS2：Ecosystems: Interactions, energy, and dynamics 　　　生態系：相互作用，エネルギー，動態
	LS3：Heredity: Inheritance and variation of traits 　　　遺伝：遺伝的形質と特質の変異
	LS4：Biological evolution: Unity and diversity 　　　生物学的進化：多様性の結合体

Earth and Space Sciences 地球宇宙科学	ESS1：Earth's place：地球のある場所
	ESS2：Earth's system：地球のシステム
	ESS3：Earth and human activity：地球と人間活動
Engineering, Technology, and Application Science 工学, 技術, 応用科学	ETS1：Engineering design：エンジニアリングデザイン
	ETS2：Links among engineering, technology, science, and society 工学, 技術, 科学, 社会の間でのつながり

　たとえば物理科学は，物質とその相互作用；運動と安定性：力と相互作用；エネルギー；情報変換技術での波とその応用という4つのCore Idea（中心的概念）から成る。これらは日本の理科の物理と化学それぞれの概念とされる「エネルギー」と「粒子（物質）」を少し詳しく表現した内容とも取れる。生命科学の中心的概念は，分子から生命体へ：構造と過程；生態系：相互作用，エネルギー，動態；遺伝：遺伝的形質と特質の変異；生物学的進化：多様性の結合体の4つであり，日本の生物の概念である「生命」の詳細説明とも解釈できる。地球宇宙科学の中心的概念は，地球のある場所，地球のシステム，地球と人間活動の3つであり，これも日本の地学の中心的概念の「地球」の説明とみることが可能である。さらに，工学，技術，応用科学の中心概念はエンジニアリングデザイン；工学，技術，科学，社会の間でのつながりの2つである。これらは日本の理科には見られない内容である。

2-3. 工学, 技術, 応用科学の定義について

　A Framework for K-12 Science Education には工学，技術，応用科学の定義もされている（図表2-3）。この定義で分かるのは，工学，技術，応用科学には人間の行動や願望が含まれ，それが方向付けになっていることである。また，工学と応用科学にはデザイン思考とシステム思考が含まれている。技術はシステムにはこだわらない。

技術，工学，応用科学という分野は，一見して主観性よりも客観性が重んじられていて人間性が入る余地がないように考える人もいるだろう。しかし，科学に基づき作られた技術や工学，応用科学での作業，過程には，人間によって作られた目的と価値付けがあり，そのために行われる過程と達成された成果には人間によるデザイン性が不可欠である。

　このように技術や工学には人間的要素が含まれているため，Aの要素が含まれているともとれる。そのため，STEMとSTEAMとの区別をわかりにくくしている。また，技術が工学的視点と人間的視点から成るという見方もある（図表2-4）。

図表2-3．工学，技術，応用科学の定義

Technology is any modification of the natural world made to fulfill human needs or desires.
技術とは，人間の必要や要望を満たすためになされる自然世界の何らかの改良である。

Engineering is a systematic and often iterative approach to designing objects, processes, and systems to meet human needs and wants.
工学とは，人間の必要や欲求に合致するように，対象，過程，システムをデザインすることでなされる系統的で，しばしば繰り返し的な取り組みである。

An application of science is any use of scientific knowledge for a specific purpose, whether to do more science; to design a product, process, or medical treatment; to develop a new technology; or to predict the impacts of human actions.
応用科学とは，ある特定の目的のために科学的知識を任意に使うことであり，その目的は，もっと科学し，生産物，生産過程，治療をデザインし，新しい技術を発展させ，あるいは人間行動の影響を予測することのいずれでもよい。　(USA: *A Framework for K-12 Science Education*, 2012)

　工学的視点（図表2-4）[2, 10, 11] では，生産活動を営む上での明確な知識と方法，改善の研究とデザイン，具体的な器具や機器の使用，生産の

仕組とそれを行う人間的組織を一括してシステム（仕組）として考える
ことが求められる。一方，人間的視点では，生産活動を実施する個人に
よる多様な思考方向が基礎となり，生産・製作に関わる道具，機器，過
程やシステム，他者による価値付けと文化的な内容，伝統性など個人が
置かれた生産環境，個人の達成感などがある。同様な考え方は，ETS2:
Links among engineering, technology, science, and society「工学，技術，科
学，社会の間でのつながり」にも Core Idea として提示されている。

図表2-4.　技術の工学的視点と人間的視点 [2, 10, 11]

工学的視点	人間的視点
▪ 明確な知識体系 ▪ 実施の活動または方法 ▪ デザイン，工学，生産，研究手順 ▪ 物理的道具，機器，人工物 ▪ 組織化統合された仕組と，技術を創造，生産，使用するのに慣れた組織	▪ Artsの側面 ▪ 道具，機器，人工物，過程とシステムを合わせた以上のもの ▪ 使用者の意図にかかわらず，文化や社会階層に影響する ▪ 人間的価値と影響値を達成する ▪ 伝統的条件での競合的価値を超える ▪ 社会的経済的に破壊的な結末も，予期しない肯定感も容認できる（自己達成感的側面）

＊人間的視点：Artsの側面をもち，STEMとSTEAMの違いを曖昧に

2-4.　A Framework for K-12 Science Educationの科学と工学の実習

A Framework for K-12 Science Education は科学と工学について異なる特
徴と共通の特徴を示している（図表2-5）[6]。

　まず，科学と工学で大きく異なる点は，課題の捉え方と課題の解決プ
ロセスという2点である。科学での課題の捉え方では，「1. 問いを発
する」と特徴付けられている。ここでは問いへの説明的答えを提供でき
るような理論の発展を追求する。すでに知られていることを明確にし，

どこが不明瞭であるかを示すことから始める。その上で，新しい問いを発するが，それは多くの場合，既成事実の間を埋める説明的内容となる。たとえば，「なぜ〜なのか？」，「どのように〜となるのか？」などである。しかし，自然現象が生じることについての理論的説明が十分になされているかを検証した上で，問いを発する。

　一方，工学では「1．課題を定義する」である。その際，うまく解決できるための基準を設定し，存在するか求められている制約を特定することが前提となる。どういう制約を受けた条件で，どのようにすること，どのような結果を出すことが課題を解決することなのかを定義する。

図表2-5.　科学と工学の課題解決の進め方等 [6]

科学	工学
1．問いを発する。	課題を定義する。
科学は1つの現象についての問いから始まる．たとえば，「なぜ空は青いのか？」とか，「何が癌を引き起こしているのか？」とか．そしてそのような**問いへの説明的答えを提供できる理論の発展を追求する**．科学者の基本的な業務は**現象について経験的に答えることができる問いを作る**こと．すでに知られていることをはっきりさせ，何の問いに対してまだ満足できる答えが得られていないかを断定することである．	工学は1つの課題，必要性，あるいは解決するべき工学的課題を示したいという欲求から始まる．国家の化石燃料への依存性を減らすという社会的課題は様々な工学的な課題を生じさせる．もっと効果的な輸送系や改善されたソーラーセルのような代替えの発電部品を**デザインする**ようなことである．技術者は工学的な**課題を定義**し，うまく解決するための基準を確定し，**制約を特定**していく．
2．モデルを発展させて使う。	
3．研究を計画して実行する。	
4．データを分析して解釈する。	
5．数学とコンピューター的思考を使う。	
6．説明を組み立てる。	解決をデザインする。

科学の目的は**世界の特徴を説明的に解釈できる理論の構築**である．理論はそれが説明する現象の幅広さ，説明の一貫性と倹約性の点で，他より優れていることが示されたとき許容される．科学的説明は，特殊な状況や現象に，系統的に理論を利用することである．たぶん，研究中の系の理論基礎モデルの中間段階を用いる．学生にとっての科学の目的は彼らのその時の理解を内蔵する現象の，論理的で一貫性のある説明，あるいはそれを表現できるモデルを構築することである．そして，その説明は得られる証拠と一致している．	**工学的デザインは，工学的な問題を解決するための系統的な過程**であり，科学的な知識と，物質的な世界のモデルに基づいている．提案されたそれぞれの解決は，求められる機能について競合する基準にバランスを取る過程から得られる．その機能とは技術的な実現可能性，費用，安全性，倫理性，法的に求められている説明責任である．ただ一つの解決案はなく，むしろ，幅広い解決となる．どれが最適の選択であるかということは，評価をするために使われた基準に依存する．
7．証拠に基づく論拠に従う。	
8．情報を入手し評価し伝達する。	

　課題の解決プロセスについては，科学では「6．説明を組み立てる」であり，工学では「6．解決をデザインする」がある。これらは，科学と工学の違いを明確にしている。科学では問いに対応した合理的な説明を構築することであり，自然現象を十分に説明できる裏付けを得て，あらたな説明を加えたり，論理上の隙間を埋める。工学では課題の定義に対応した制約の中でも，解決をデザインしていくことが求められる。

　科学と工学に共通する視点として以下の6つがある。2．モデルを発展させて使う。3．研究を計画し実行する。4．データを分析して解釈する。5．数学とコンピューター的思考を使う。7．証拠に基づいて論拠に従う。8．情報を入手し評価し伝達する。

　以上のことから，科学と工学の課題解決のプロセスが，明確になっている。つまり，科学は，「問いを発して，説明すること」であり，工学は，「課題を定義して，解決をデザインすること」である。

2-5. A Framework for K-12 Science Education の横断 の概念

次に，横断の概念（Crosscutting concepts）について見ていこう。この概念は7種類ある（図表2-6）。これらは科学と工学に共通した概念横断の捉え方である。

まず，(1)「パターン」について，科学を構成する4つの学問分野（教科）ではすべて，自然現象をパターンとして捉える。たとえば，物理学における速度の定義では，進行距離を時間で割った単位で示す。また，等速で進行している等速運動と，速度が変化する非等速運動で区別するという分類の仕方もパターンである。化学での分子式も一つの確定したパターンで示す。生物学では，昆虫の形態のパターンが決まっていて，頭部，胸部，腹部，6本の足という共通点がある。同じ種では遺伝子のパターンが同じである。地学では，岩石の形態と構成する鉱物のパターンが，火山岩，変成岩，堆積岩で異なっているなどである。工学での物質生産工場での最適物質生産の条件が，原料の混合手順，反応容器の温度，拡散速度で確定していることがある。これらは，自然現象の斉一性とも関連がある。

(2)「原因と結果：機構と予測」については，自然現象を扱う自然研究での思考はこの因果関係を基礎としている。工学も同様である。因果関係が明確な自然現象については，自然現象が起こる条件設定をすることで，生じる自然現象を予測できる。

図表2-6. 科学と工学の横断の概念 [6]

No.	Seven Crosscutting Concepts（7つの横断の概念）
(1)	Patterns （様式，原型）
(2)	Cause and Effect: mechanism and prediction （原因と結果：機構と予測）

(3)	Scale, Proportion, and Quantity （規模，比率，量）
(4)	System and System Models （系と系モデル）
(5)	Energy and Matter: Flows, Cycles, and Conservation （エネルギーと物質：流れ，循環，保存）
(6)	Structure and Function （構造と機能）
(7)	Stability and Change （安定と変化）

　(3)「規模，比率，量」については，ある自然現象の原因の規模を設定して，時間的空間的，あるいは他の軸に対してどのような変化が起こるかを観察する。原因と結果の大きさは規模，比率，量で比較する。これは工学にも当てはまる。

　(4)「系と系のモデル」は，ある自然現象を引き起こしている他の様々な自然現象との関係とフィードバックなどの複雑な仕組についての見方である。これは工学にも見られる考え方であり，工場生産でも不可欠である。様々な原因となる要素を互いに関係づけて，全体の構造を明らかにする点でもある。

　(5)「エネルギーと物質：流れ，循環，保存」は，基礎的には物理学と化学的な要素であるが，その流れ，循環，保存は生物学的，地学的な見方である。この考え方は系のモデルとも関連しており，工学にも見られる考え方である。

　(6)「構造と機能」は，自然現象を引き起こす基礎的な要素（階層構成要素）とそれらが複雑に絡み合ったことで生じる機能に関係している。たとえば生物学における細胞の構造によってその機能は異なることが挙げられる。工学的にもある製品の構造によってその機能が異なる。単純な例では，ボルトとナットなどが挙げられる。ボルトとナットは構造が異なるため，機能が異なる。しかし，これら 2 つは対になって機能する

という構造を持つ。

　(7)「安定と変化」については，自然現象が定常的に起こることも安定であり，物質が変化しないことも安定につながる。それは自然現象を起こす原因がどのような条件で発生するかに関係しており，新しい現象を引き起こす原因が起こることで変化が生じる。たとえば，地上での温度が安定であるかどうかは，その対象地域に流れ込んでくる大気の温度と大気の流れの速度に関係する。たとえ，低温の大気が対象箇所に進んでくるとしても，その速度が小さければ温度は比較的安定であろう。この横断の概念についても工学で見られる。

　以上様々な例を挙げたが，ここまでは科学と工学に限られていた。しかし，図表2-6に示す横断的な概念は科学や工学以外の他の学問分野（教科）にも適用できる。ここに示す横断の概念は，各学問分野（教科）を構成している要素間の関係性を捉える見方でもある。

2-6. 3Dの構成を組み合わせる

　ここまで見てきた3D構造（見方）のそれぞれについて見ることも可能であるが，3Dの見方を全て使って，科学と工学の両方の内容を見ることもできる。

　たとえば，化学の概念の「水溶液」について考えると，これはPhysical Science（物理科学）の中のPS1: Matter and its interaction 物質とその相互作用というCore Ideaに該当する。水溶液のことについて，「水溶液はどのような過程を経てできるか？」という問いを発することが可能である。そのほか，水溶液については様々なでき方のモデルをつくることも可能で，その考え方を使った実験も可能である。たとえば，固体試料の塩化ナトリウムに液体の水を加えて攪拌することで塩化ナトリウム水溶液をつくることができる。そこで，溶質となる固体試料に溶媒である水を加えて攪拌することで，溶質が溶媒に分散して均一な水溶液ができる。この実験で溶質の質量，溶媒の質量，温度，攪拌回数など様々

な条件と結果を数値として測定し，これらを比較することで，溶液生成の過程を定量的に説明できる。

　ここまでは，科学（理科）の内容に留まっているが，次に特定の水溶液の作成をデザインすることも可能である。その際には，既知のデータを収集して，作成する水溶液の条件を決めることで，水溶液作成の過程を設計できる。これは工学的学習の過程となる。ここまで学ぶことができれば，それは STEM の内容であると言える。

2-7. STEM の具体例

以下に探究の学びに関連する STEM の具体例を示す。

(1)　両面テープを斜面に貼り付け，ボールや滑車を転がして速度と加速度を測定する。転がらない場合は斜面に角度をつけ，テープの種類毎にボールが転がる条件を調べ，粘着テープの粘着性を評価する。摩擦や粘性について物理学的に考察する。

(2)　炭酸水素ナトリウムと炭酸ナトリウムの混合物の溶解度と pH を調べ，油汚れを落とす利便性（スプレーできる），安全性（pH）の点から考察する。測定した pH の根拠を化学的に考察し，評価の高い混合物を試作する。

(3)　発芽したある野菜を，太陽光，白熱電灯，LED 電燈の照明下で別々に育て，成長と発達という生物学的な観点で比較する。野菜工場に適した照明を考え，ミニ模擬野菜工場を作る。

(4)　海岸の砂浜を数カ所，一辺50 cm 程度立方体の分だけ掘り，砂の堆積状態を調べ，波が海岸に押し寄せる周期性を地学的に考察する。その結果を用い，沖合に堤防を作るにはどの方向がよいか考察する。

第2章　まとめ

1. *A Framework for K-12 Science Education* は幼稚園から12年生（高等学校3年生）までの科学教育についての枠組みを提示した。

2. いわば3次元の構造からなり，1つ目は科学と工学の実験実習に関する内容，2つ目は7つの教科横断の概念，3つ目は教科の基本概念である Core Ideas である。

3. 科学は問いを発して自然現象の説明をすることだが，工学は自然現象の利用について課題を設定して解決をデザインすることである。

4. 横断の概念を使うと，様々な問いを生み出すことが可能であり，課題解決に必要な発想を得ることができる。

5. 自然現象の内容を基礎にして，現実世界の具体的な課題を設定して，それを数学的な解析やモデルを使って解決することが STEM 教育である。

第3章

STEM 教育から STEAM 教育

3-1. STEAM 教育の始まり

　しかし，NGSS がアメリカの全州で使われているかというとそうではなかった。2018年の時点でこれを採用している州は全50州のうち18州に留まっていた [12]。各州毎に教育方法を定めることが可能であり，この枠組みは必ずしも全州の教育環境に適合しないこともあったであろう。一方，STEM 教育に対する改善の案も出されていた。それは STEM 教育が必ずしも創造性につながらないという見方がなされたからであり，これは From STEM to STEAM という言葉で表された点である。

　2006年に，G. Yakman（ヤークマン）が STEAM 教育を提案した（図表3-1）[2, 13-15]。これはピラミッドで STEAM 教育を表現したものであり，最下層から2番目の層にある Science, Technology, Engineering, Mathematics, Arts という各学問分野が表示されている。最下層には構成分野：Science では，History of Nature of Concepts, Processes Inquiry, Physics, Biology, Chemistry, Space & Geosciences, Biochemistry などが書かれている。Arts の内容は，"Arts-liberal"（リベラルアーツ）であり，その中には芸術も含まれる。STEM と芸術以外の様々な分野の名称が書かれている。ピラミッドの上に行くと下部の分野が統合，最上部は"Life-long Holistic"（一生にわたる統合，全部含める）を意味している。

　また，この STEAM 教育の中心的な考え方はすべての分野が数学の要素に基づいているとする点である（図表3-2）。

　Yakman はこの STEAM 教育の定義を ST∑@M と表現している [15]。

図表3-1. Yakman による STEAM 教育の枠組

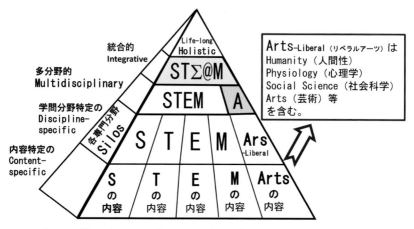

(https://www.iteea.org/Community/36937/16987.aspx)　から作成

図表3-2. Yakman による STEAM 教育の定義

STEAM= Science & Technology interpreted through Engineering & the Arts, all based in the elements of Math.

STEAMとは科学と技術を工学とアーツを通して解釈し，すべてが数学の要素に基づく。

ここで，リベラルアーツにはいくつかの見方がある（図表3-3）。

図表3-3. Liberal Arts と Arts（芸術）

Liberal	⑴ ギリシャとヨーロッパを起源とする Seven Liberal Arts
Arts 教養，自由に する技	（自由7科〈技の7科〉） ・ quadrivium＊（数学が基礎の技の4科）：算術，幾何，天文，音楽 （＊ピタゴラスがmathematikaと呼んだ） ・ trivium（言語が基礎の技の3科）：論理,文法,修辞 これらはDiscipline（学問分野）を学ぶ際の共通の技（スキル）と捉える事ができる。

	⑵ アメリカの大学 Liberal Arts（Liberal Arts and Science）学部 ▪ アメリカの教養教育は以下の2系統 　①純粋に一般教養的な学部：すべての学問分野（Discipline）を均等に学ぶ 　②専門養成での人格的教育（例 Johns Hopkins 医学部） ⑶ 日本の大学の Liberal Arts 学部はアメリカの大学と同様 ⑷「リベラルアーツ，つまり人間を自由にする技ということです」（https://frompage.jp/ynp/liveralarts/）
Arts （芸術）	▪ 全般的特徴：表現者が優れた技，形体等を追求し，鑑賞する人の精神的，感性的変化を起こす ▪ 芸術の種類：①音楽，②美術，③舞踊，④演劇，⑤映画，⑥創造的執筆（文学），⑦建築，⑧園芸，造園デザイン，⑨その他

　また，芸術という訳語に相当する Arts には図表3-3のようないくつもの内容が含まれるとする見方もある [12]。

　しかし，ここには含まれない芸術も存在するであろう。例えば，料理はどうであろうか。料理人を料理表現者とした場合，彼らも従来の芸術家と同様な感性をもってそれを食材と調理手法によって表現している。これらの芸術家が必要とする五感を図表3-4に示す。料理はその表現者も，鑑賞者も人によっては五感をすべて表現し，すべてを感じ取ることができる。

図表3-4．各種芸術と五感の使用

芸術関係者の種類	五　　感				
	視覚	聴覚	臭覚	味覚	触覚
音楽演者	○	○			○
音楽鑑賞者	○	○			
美術作者	○				○
美術鑑賞者	○				○
料理人	○	○	○	○	○

料理鑑賞者	○	○	○	○	○
舞踊	○	○			○
演劇	○	○			○
映画	○	○			○
創造的執筆（文学）散文	○				
韻文	○	○			
建築	○				○
園芸，造園デザイン	○		○		○

3-2. Artsを芸術と捉えたSTEAM教育

アメリカの化学教師であり，脳科学者であるSousa（スーザ）と美術教育者であるPilecki（ピレッキ）の著書[12]には，STEMとArtsとの関係についての一般人の捉え方をまとめてある（図表3-5）。STEMについては，客観的，論理的，分析的，再現性があり，有用という実用性が特徴であり，役に立って使えるという見方がされている。それに対して，Artsは主観的，直感的，感覚的，独自性ではあるが，無用で取るに足らないことと捉えられている。しかし，逆にArtsは多様性の源泉で，独創性につながると見ることができる。

図表3-5．STEMとArtsに対する一般人の捉え方

STEM	Arts
Objective　客観的な	Subjective　主観的な
Logical　論理的な	Intuitive　直感的な
Analytical　分析的な	Sensual　感覚的な
Reproducible　再現性あり	Unique　独自な
Useful　有用な	Frivolous　無用で，取るに足らない

　Arts と STEM の特徴を，それぞれに関わる人間の思考形態から考察した例が，Sousa らの著書 [12] には示されている。Arts は図表3-5に示すように主観的であるため，多様性や独創性につながり，拡散思考を促進する働きがある（図表3-6）[12]。拡散思考とは，様々な視点，方向への考えを認め，可能性を広げる考え方である。それに対して，STEM 的な発想は解決に結びつける収束思考であり，課題解決の方向性を一つに絞る発想である。まず，Arts による拡散思考で様々な可能性を容認し，考えを広めることが重要であり，その後に多くの可能性の中から最適の課題解決を選択すると優れた解決に至れる。

図表3-6.　拡散思考と収束思考

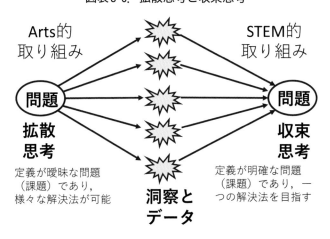

　さらに，Arts が基礎となる拡散思考は成長的思考態度（growth mind-set）を促すとされる（図表3-7）。成長的思考態度は成功を予測する判断材料は努力であり，努力によって能力が高まるという思考習慣である。一方，収束思考は固定的思考態度（fixed mind-set）を促進する。固定的思考態度は成功を予測する判断材料は能力であり，能力は固定的であるとする思考である。

　そのため，課題解決の場面に遭遇して行き詰まった場合，成長的思考が優先する人は課題解決のための情報を収集し，努力して能力を高

め，その課題に挑戦しようと
する傾向がある。一方，固定
的思考態度が優先する人は，
一定程度課題解決に挑んだと
しても，さらに行き詰まった
場合，それは自分の能力のな
さであると判断して諦めやす
い。自分にとって新しい課題
に挑戦して，それを解決に導
けることは本人にとっての創
造性育成になる。何が起こっ
ても，それを価値付けて前に
進める意識を持てる傾向があ
る。つまり，STEAM 教育の
目的に適合した発想を生み出すことになる。

図表3-7．成長的思考と固定的思考

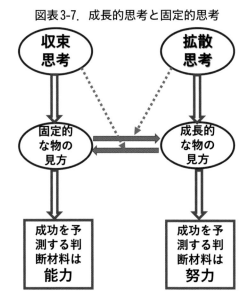

これらのことから Arts によって新しい考え方と融通の利くタフな心
持ちと希望を拡大することができる。

3-3. STEM と STEAM の教育学的系統

STEM 教育と STEAM 教育は学問分野（教科）を統合して用いた教育
方法である。それを産み出す方法には，(a)文脈統合と(b)内容統合の系
統性があると見ることができる（図表3-8）[2]。

　文脈的統合は統合の道筋をどのように作るかであり，それは主にグ
ループ学習の形体を前提としている。STEAM 教育は歴史的に古くか
ら知られている Project-based learning の系統からそれにデザインを含め
た Learning by design の系統であると考えられる。Learning by design と
STEAM は成果の発表と表現が求められている。

　内容統合では事前にプロジェクトの進め方と内容を限定してコント

ロールすることに重点がある。教科の内容はSTEMとArtsから成る。それでは具体的にSTEMとAの統合の中で，どのような実習と思考過程があるかを対比しよう（図表3-9）[2]。

図表3-8. STEAMに至る文脈統合と内容統合の系統

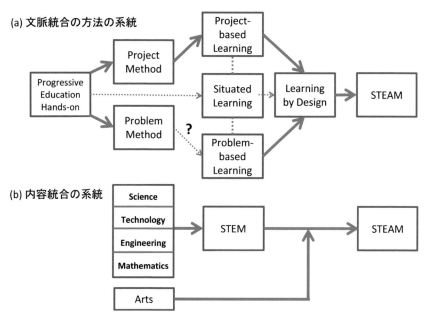

STEMに求められる実習の過程は，第2章の図表2-5の内容をまとめたものである。1では問いを発する科学（理科）と課題を定義する工学，2では説明を組み立てる科学（理科）と解決をデザインする工学で異なるが，他は科学（理科）と工学で同じである。Arts（芸術）に必要とされるスキルについては，STEMの各過程に関係する項目毎に，具体例を示している。

図表3-9．STEM に求められる実習と Arts の学びでのスキル [12]

STEM（科学と工学）	Arts
1．問いを発する（科学） 　　課題を定義する（工学）	1．芸術を創造するために様々な方法を探索する
2．モデルを発展させ使う	2．他の芸術家の仕事を研究し理解する
3．研究を計画し遂行する	3．他の作品を基礎に壁画の色選択をし，色と色変化の理解を応用する
4．データを分析し解釈する	4．記述作品の研究から読み取ったバレエ（舞踊）を創作する
5．数学とコンピューター的思考を使う	5．陶器製計量カップを作る際に，粘土の量と窯の収縮を計算する
6．説明を組み立て（科学），解決をデザインする（工学）	6．最近の話題に基づいた台本を書く
7．証拠に基づく論理を展開する	7．最新政治状況に基づきチームで円卓会議形式で漫画を創作する
8．情報を入手し評価し伝達する	8．温室効果理論に基づき操り人形ショーを創作する

　たとえば，1では「〜様々な方法を探索する」とあり，芸術活動の開始のところで，何を目指すかを考えている。2では「他の芸術家の仕事を研究し理解する」とあり，過去の例と比べ，これから自分が行うことに新しさがあるかについて考える。3では芸術活動を進めながら実際の状況変化（たとえば色の変化の発生など）を模索していく。4では書かれた内容を読み解いて舞踊作品に例えて表現する。5では陶器の制作の際に具体的な数値的データを解析してできあがりの大きさや色の変化などを予測する。6では台本の執筆で論理的な説明や話の流れを組み立てていくことである。7ではチームの中で過去の事実を裏付けに論理展開しながら，それから目指す物を表現している。8ではたとえば温室効果に関することについての様々なデータを入手し，それから表現したいことを人形ショーで表現する。

3-4. STEMとSTEAM等における学問分野（教科）の内容統合の例

　次に挙げる例は，STEM教育についての学問分野（教科）の内容統合の水準（統合水準の高さ：⑴＜⑵＜⑶）に該当する[16]。

⑴ Multidisciplinary Integration (Thematic Integration)：多分野的統合
　地図作成の単元として以下のような内容が可能である。
　コンパス，水準器，長い定規を使って（算数・数学），地域の傾斜，広がりを測定し，キャンプ場の立体地図を作成した（地学，地理）。植物相と動物相を特定のため（生物）ハイキングに行き，浅瀬を渡って小川の水源の推測をした（地学）。スペインの征服以前にそこに住んでいた原住民（歴史）と同じように，泥で調理用のかまどを作り上げた（技術）。

⑵ Interdisciplinary Integration：分野連携的統合
　算数・数学と建物の構造の単元として以下のような内容が可能である。
　ストローと糸だけを使って5つの正多面体のヘリだけを組み立てた（算数・数学）。長方形の建物，円錐形，アメリカ原住民の円錐形のテント，イヌイットの小屋，測地用ドームでの安定性を考察させる（技術）。なぜ人が今日直方体の家を建築するのかのアイデアを書かせた（工学）。もっとたくさんのストローと糸を使い，それ自体で立てる直方体を組み立て，家の枠組みを支えるモデルを作製（技術・工学），人類最初の橋である丸太から，現在の橋の構造へ発展するまでの歴史を調べた（歴史，技術）。

⑶ Transdisciplinary Integration：超分野的（分野包含的）統合
　「子豚の解剖が飼育に」という思いがけない価値的な進行となった。

子豚の解剖を計画していたが（生物），児童の反対で豚を生かして飼うことになった。豚を飼う際に必要な豚小屋の製作（技術），餌（生物），それから面倒を見る（時間的計画としての算数・数学）ことが異なるプロジェクトとして開始された。豚に餌を与える際にベルを鳴らすことで豚が反応することを確認する条件反射の実験（生物）を行った。豚の名前をコスタリカの歴史上の人物にちなんでつけた（歴史）。

　この教育例は以下のように評価できる。

○ PBL（Project-based Learning）の活動と評価できる。
○子供たちが話し合い協力して，子豚を飼うという課題を解決した。⇒現実世界の課題解決。
○生きた子豚を実験対象として，生物の条件反射の実験を思いついた。⇒セレンディピティー [17, 18]：予期しない発見をすること，またはその能力。

　これは STEM 教育の例として挙げられているが，技術的な内容や歴史的な内容からは A の要素を抽出できる。統合とその水準の詳細については，第 8 章で論じる。

 第3章　まとめ

1．STEAM 教育はアメリカの技術教育者である Yakman によって 2006 年に提案されたが，Yakman の STEAM 教育の A は芸術も含めた Liberal Arts を意味する。
2．Sousa や Pilecki の目指す STEAM 教育における A は芸術であり，彼らはその重要性を強調している。
3．芸術の Arts には様々な種類があるが，すべて五感を通じた認識，表現，情報伝達と感性の育成がなされる。
4．STEM に比べ Arts は主観的で取るに足りないものという

　一般的な認識もあるが，その主観性は拡散思考を生み出す
　基盤であり，収束思考になる STEM とは対照的である。
5．芸術の拡散思考は，人間の固定的思考から成長的思考に導
　くことにつながり，具体的な課題解決に向ける努力の重要
　性を認める。
6．拡散思考に導くには，STEM に対し芸術 Arts の存在が重
　要である。
7．STEAM に導く学習方法には，内容統合と文脈統合の方法
　がある。

第4章

教科と学問分野の違い

4-1. 学問分野（discipline）と教科（subject）の辞書的意味

「教科」という言葉は，学校教育の中での使い方であるが，通常の「学問分野」と同義に用いられることが多いかもしれない。これらの元になっている英語は，学問分野（discipline）と教科（subject）であると考えられる。まず，最近の用語について詳しく検索できる辞書からその意味を探る（図表4-1，4-2）。

　discipline はどうだろう。基本的に「規律，統制」という意味があり，それから派生すると思われる「訓練，鍛錬」，これらのことを達成するための「自制心」につながる。これは精神的統制のことである。この語は「学問の領域，分野，学科」の意味も持つ。同様な言葉に弟子を意味する disciple という言葉がある。師匠から弟子に系統的に伝えることを意味する from master to disciple という言葉が知られている。これは，学問分野の内容を師匠から弟子へと，筋を違えずうまく伝えることを意味すると思われる。

　subject は名詞であり，「主題，題目，議題，テーマ」という意味を持ち，何かを行うときの1つの方向性を示す指針であると解釈できる。また，教育上では「科目」と「教科」という意味を持つことはすでに論じてきたことと一致する。さらに，言語学では「主語，主部」の意味を持つこともよく知られている。

図表4-1．学問分野（discipline）の意味

【名-1】〔集団・組織などにおける行動の〕規律、統制
・Let us begin anew with energy and hope, with faith and discipline.
精力と希望、信念と規律を持ってもう一度始めよう。
・Discipline in the office was corrupted by negligence of duty over a long period of time.
長期にわたる職務怠慢で職場の規律は乱れました。
【名-2】〔精神修養などの〕訓練、鍛錬
【名-3】〔鍛錬によって得られる〕自制［克己］心
・Discipline is the key to achieving your goals. 自制心が目標達成の秘訣です。
【名-4】〔訓練のための〕（懲）罰｛（ちょう）ばつ｝
・Strict discipline was imposed on employees who had joined the strike.
ストに参加した従業員たちに厳しい懲戒が加えられました。
【名-5】〔教会や修道院の〕法規、宗規
【名-6】〔学問の〕領域、分野、学科　　　　　　　　（以上，英辞郎XIから）

図表4-2．教科（subject）の意味

【名-1】〔議論や研究などの〕主題、題目、議題、テーマ
・He certainly knows a lot about that subject. その件については彼が詳しいはずだ。
・Let me say a few words about this subject. このテーマについて、ちょっと発言させてください。</bx>
【名-2】〔教育の〕**科目、教科**◆通例、subjects
【名-3】《言語学》主語、主部
・A verb must agree with its subject. 動詞はその主語と一致しなければならない。
【名-4】《音楽》〔フーガの〕主題、テーマ
【名-5】〔絵画や写真などの〕題材、被写体
【名-6】〔治療や実験の〕対象者、被験者
【名-7】〔犯罪の〕被疑者、容疑者
【名-8】〔からかいや不満などの〕種、的
【名-9】〔国王などの〕臣民、臣下
（以上，英辞郎XIから）

　以上のことから，教科はその「目的に合わせた内容」を意味し，学問分野は従来から存在する分野を師匠から弟子へと「それぞれの内容を系統的に正しく伝える手段を維持すること」を意味する。これらのことを図表4-3にまとめる。

　教育界では，特定の学問分野の専門は教科専門と呼ばれることが多い。教科専門の扱っている分野は特定の学問分野であり，その大学教員は教科専門の教員と呼ばれる。しかし，学問分野を学び研究している大

図表4-3. 学問分野と教科の違い

> **学問分野（Discipline）⇒** 必ずしも教える対象，仕組や制度に囚われない学問分野（教科の元になる学問，教科専門）。個人的興味、社会的要素、知識の新しい展開。学者のデザイン性は必要だが、必ずしも学ぶ人に焦点化していない。
>
> **教科（Subject）⇒** 教える対象，仕組，制度に合わせて学問分野の内容を選定し，教える教材や方法を工夫して教える。教師のデザイン性をいかし，学ぶ人の学びに合わせる。

学教員または「学者」の見方であるとも取れる。その人たちの見方は，実際に自分で学んでいる学者目線であり，学ぶ人に実際に教える立場でないことがある。そこには学問分野の内容を教える対象と捉えていない。つまり，学問分野の内容を教科として扱っていないことがある。

　一方，教科は様々な状況の中で，特に教える対象に特化して，教える内容，方法，教材，手順を工夫して学問分野の内容を加工した結果である。それを行う人は教師である。この教えるプロセスはデザイン的な要素がある。

4-2. 教科に関連する用語の意味

　教科については「教科内容」，「教材内容」，「教科専門」，「教育内容」等，様々な用語が使われており，それを図表4-4にまとめる。

　教科内容と教材内容はそれぞれ目的と手段に位置づけられる。教科内容と教育内容とは異なっており，前者には後者にはない教科横断の視点が含まれる。教科内容については元になる各教科の専門領域（学問分野：discipline）の系統性と何を教えるかが重要であったが，教えるべき必要な知識と技術が問題になっていることもある。教科内容の捉え方はカリキュラムとして計画する元になることも含まれるが，そのカリキュラムによって学ぶ人がどのような学びをするかが重要になるという視点

図表4-4．教科に関わる用語の説明 [19-21]

- □　教科内容と教材内容：目的と手段の関係。
- □　教科内容と教育内容：教育内容は教科内容に教科横断的視点を含むとの見方あり。
- □　教科内容論：授業で何を教えるか（教科内容の精選・系統化の論理）が出発点だったが，現在は本当に必要な知識・技術が何かが求められている。
- □　教科内容を学びの視点で：計画としてのカリキュラム（学習）から学びの履歴（学修）へ変換。
- □　教科内容研究は教科教育学の課題：学習指導要領依存（従来の教科教育学の視点），親学問依存（教科専門の視点）ではなく，学習指導要領創造に向かうべき。

- □　教科教育学の定義
  - （1）森分の定義：　「学校における教科教育実践を中心に，それにかかわる諸事象を対象とする　科学的研究。」（森分孝治，『教科教育学Ⅰ―原理と方法―』（『教科教育ハンドブック』，2017）
  - （2）佐藤の定義：　「『デザインとしての知識』の研究である。」（『教科教育ハンドブック』，2017）

- □　教科教育学の3領域
  - （1）教科教育基礎論：上記の定義等も含む。
  - （2）教科区分論：教科区分論の本格的研究はなされていない。各教科の固有性重視のためか？
  - （3）教科教育実践論：研究数圧倒的に多い。

も含まれる。これは，機械的にカリキュラムをこなすのでなく，学ぶ人がどのような学びの経験をするかにつながる。

　教科内容を研究することは，教科で何をどのように教えるかという教科教育の課題でもある。いわゆる「親学問」へのこだわり（教科専門）だけで進めるのでなく，学習指導要領の内容変更やその創作に関わるような視点が求められる。これは今後進めるべき教科内容に特化した「教科内容学」の方向性であろう。

　次に，教科教育学については文献に考え方が見られる。森分の考えは，教科教育学とは教科教育の実践に関わる諸事象を対象とする科学的研究と見ている。一方，佐藤の定義では，教科教育はデザインとしての知識の研究の側面を持つとしている。

　さらに，教科教育学を3つに分類する見方が知られており，1つ目は教科教育基礎論であり，これは森分と佐藤の定義も含む内容である。2つ目は教科区分論であり，教科教育学会ではほとんど研究がされていないらしい。3つ目は教科教育実践論であり，教科教育学会での研究はほ

とんどがこれに当たる。ところが，教科の関係性と統合，融合についての分野は示されていない。

4-3. 教科内容学と教科教育学で扱う領域

これまで述べてきたことを基礎にして，教科専門から教科教育学までの関係を図表4-5に示す [22]。

教科専門と教科教育学の間には，教科内容学と教科内容論を位置づけている。上の図では教科専門⇒広義の教科教育学（図表4-5のa）を設け，広義の教科教育学には教科内容学⇒教科内容論⇒教科教育学が含まれる。図表4-5のbでは，教科専門⇒広義の教科内容学⇒教科教育学とし，広義の教科内容学には狭義の教科内容学と教科内容論をおいている。何れにしても，教科専門と教科教育学の間に教科内容学を位置づけている。いわゆる，教科専門は学問分野のことであり，それをすぐに教科教育学につなげるには大きな葛藤が生まれるであろう。いわば，教科専門を扱う人は学問分野の学者であり，教科教育学を扱う人は教育の学者であり，実践者でもある。

さらに，教科専門⇒教科内容学⇒教科内容論⇒教科教育学というよう

図表4-5. 教科専門から教科教育学に展開する

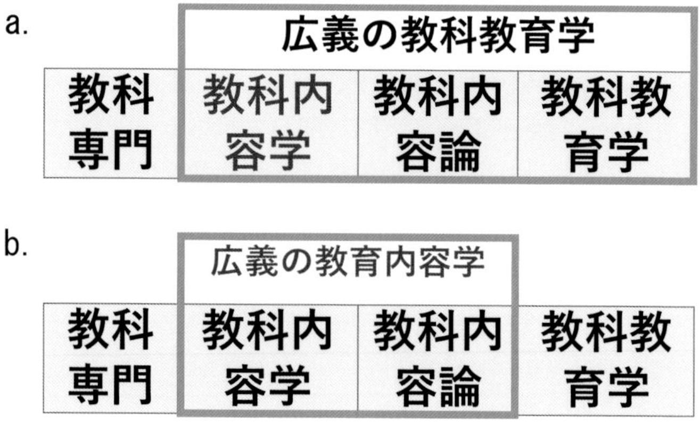

a.

広義の教科教育学		
教科専門	教科内容学	教科内容論	教科教育学

b.

	広義の教育内容学	
教科専門	教科内容学	教科内容論	教科教育学

図表4-6.　教科内容学のアプローチの範囲

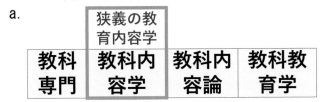

に完全に４つに分けることもできる（図表4-6）。この場合，教科内容学は教科内容論と区別して「狭義の教科内容学」と位置づけることができる。以上のように，教科内容学という分野については十分な認識が得られていないかもしれないが，教科専門と教科教育学を結びつける分野と位置づけると教科専門から教科教育学の間をスムーズにつなげることができる [22]。

　しかし，教科専門と教科教育学をつなげる教科内容学の位置づけには，明らかにこれらを結びつけるアプローチが必要である。そのため，広義の教科内容学の捉え方を前提として，矢印の起点と終点の位置にかかわらず，教科内容学または教科内容論を通過すればよいとすることが適切であろう。これは教科専門，広義の教科内容学，教科教育学の少なくとも２つの領域を横断することになる。

4-4.　学問分野の認識主体と教科の認識主体

　教科内容学を通して，学問分野と教科教育を結びつけるために重要な点として，学びをする学習者（学修者）が教科内容の認識主体であることである。教科専門からの見方は学問分野の系統性を重視することが十分に有り得るため，教科教育とのつながりが配慮されない可能性があ

る。これは教科専門の内容を認識する主体は，学習者（学修者）ではなく，言わば学者目線での認識という可能性がある（図表4-7）。教科内容学では，教科内容への目線が学習者（学修者）となる必要がある（図表4-7）。

　図表4-7のaに書かれた主体は学者目線で，客体である学問内容とその体系を観察し認識している。

図表4-7. 学者目線と学習者（学修者）目線

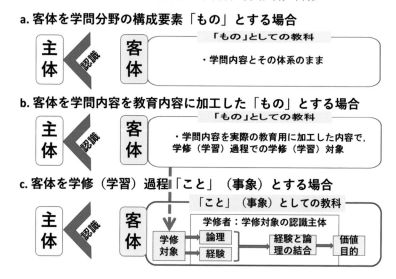

a. 客体を学問分野の構成要素「もの」とする場合

主体 ←認識 客体　「もの」としての教科
・学問内容とその体系のまま

b. 客体を学問内容を教育内容に加工した「もの」とする場合

主体 ←認識 客体　「もの」としての教科
・学問内容を実際の教育用に加工した内容で，学修（学習）過程での学修（学習）対象

c. 客体を学修（学習）過程「こと」（事象）とする場合

主体 ←認識 客体　「こと」（事象）としての教科
学修者：学修対象の認識主体
学修対象 → 論理 / 経験 → 経験と論理の結合 → 価値目的

　図表4-7 [22] のbでは，主体は教師的な目線があり，認識する客体は教える内容である。客体をものとして，教科を表現した。cでは客体をさらに広く捉えて，bの客体を学ぶ対象として，それを学ぶ者がどのように学んでいくかを，すべて対象としている。cまで広く捉えると，主体はまさに教師である。cでは客体の中に様々な過程が書かれている。これについては，詳細を図表4-8 [22] に示す。

　図表4-8のaにあるように，第二言語習得のメカニズムに基づいている。第二言語は学習者の通常使用している母語（日本人ならば日本語）の次に学ぶ言語である。

　このメカニズムは，言わば教育工学的に書かれたものであり，その仕組は Input ⇒ Intake ⇒ Output という流れで表現されている。ここで，第二言語の Input は入力のことであり(1)Reading と (2)Listening から成る。それを Intake（内在化）して，Output（出力）である(1)Speaking と(2)Writing が生まれる。

　ここで，Intake の量と質は母語とどのようにつながりを持つかに関わる。その過程で，母語と第二言語との中間言語（Internal Language）が生まれるとされる。

　次に，ｂで第二言語習得過程のモデルを教科の学修過程に一般化した。

　母語を事前学修した教科等の知識に置き換え，新知識の論理と経験を第二言語に置き換えた。ここで，事前知識と新たな知識との関係を統合する過程を設けた。

図表4-8．第二言語習得のメカニズムによる学習者目線の学習過程

a. 第二言語習得過程のモデル

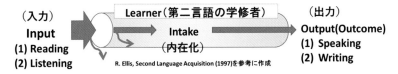

b. 第二言語習得過程のモデルを教科の学修過程に応用

c. 第二言語習得過程のモデルにInputの改善過程を追加

さらに，cでは Input の改善過程を加えた。

以上までの認識主体と客体の関係性を，さらに高い角度から認識する主体と客体について示す（図表4-9）[22]。

図表4-9．教師も包含して教科という客体と見る主体

```
c. 第3者：学修過程の認識主体
        ↓
「こと」（事象）としての教科

  b. 関係他者：学修過程の認識主体

    a. 学修者：学修対象の認識主体

  学修    論理
  対象          経験と論    価値
        経験    理の結合    目的
```

ここまで，説明してきた客体は教師までであったが，それまでをbで示している。そこまでを包含する内容を教科という事象として捉えている主体も有り得る。その主体は教師の働きも含めた教科とみている。これは具体的には学校関係では管理職に当たるかもしれない。

以上，教科に対する見方を様々示してきた。

 第4章　まとめ

1．教科（subject）は「目的に合わせた内容」を意味し，学問分野（discipline）は「従来から存在する分野の内容を系統的に正しく伝え維持すること」を意味する。

2．教科に関わる研究分野は，教科専門⇒教科内容学⇒教科内

　　容論⇒教科教育学というように４つに分けることができ
　　る。この矢印は，学問分野から教科への方向性を意味す
　　る。
3．教科内容学の研究対象は，教科専門から教科教育学への方
　　向性，教科教育学から教科専門という元をたどるどちらの
　　方向性からも，教科内容に関する分野を経由する内容であ
　　ればよい。
4．学問分野または教科専門の内容を認識する主体は言わば学
　　者であり，教科の内容を認識する本来の主体は学ぶ人（学
　　習者，学修者）である。
5．教科の内容を教えることを認識する主体には様々あるが，
　　その主な主体は教師である。教師が教えていることも含め
　　た認識主体には管理職等がある。

第5章

異なる教科の教科内容の関係性

5-1. 従来からの教科の分類方法

　教科の種類は教科の元の学問分野から引き継がれていることが多い。しかし，教科とは何であるかということについては，構成要素があれば教科の定義に当てはまるという見方も可能である。まずは，現在学校教育で用いられている教科の種類を図表5-1に示す。

図表5-1. 学校教育での教科の種類

国語科
外国語科（英語科）
算数・数学科
理科
社会科
技術科
家庭科
音楽科
図工・美術科
保健・体育科

　これは小中高等学校で教えられている基本的な合計10教科を示している。しかし，生活科は理科と社会科への基本内容であると捉え，含まれていない。また，今後，道徳科についての議論も必要であろう。これ

らの分類は従来の学問分野からの踏襲が基礎になっている。教科の特性
や目的に応じて分類することができるので，その分類方法について考え
てみよう。

5-2. 従来教科の特徴と分類

　これから 3 つの視点から教科を分類する。まず，本基盤型と体験基盤
型から見ていこう（図表 5-2）[22]。

図表 5-2.　本基盤型と体験基盤型による教科の分類（略語で表記）

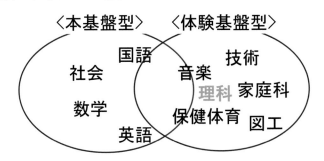

　本基盤型には国語科，数学科，社会科，外国語科（英語科）を入れ
た。国語科，数学科，社会科，外国語科は学校で使用した教科書を中心
に授業を進め，教材も教科書にあることが重要となる。しかし，これら
の教科の本基盤型としての特性は異なっていると考え，記入位置を少し
ずらして書いた。体験基盤型には音楽科，技術科，理科，家庭科，保
健・体育科，図工・美術科を入れた。国語や外国語は手で書いたり，話
したり，表現したりする体験的要素もあり，数学よりもその意味で，少
し体験基盤型に近い位置に書いた。

　これに対して，体験基盤型に入れた音楽科，技術科，理科，家庭科，
保健・体育科，図工・美術科でも教科書の使用が必須であるが，音楽で
は演奏や歌唱，技術科では道具の使用や実習的要素，理科では実験観
察，家庭科では調理や縫い物・編み物の実習，保健・体育では実際に身

体を動かす活動が中心であるので，それを考慮してこの位置に配置した。

次に，教科を主観志向型と客観志向型に分類する（図表5-3）[22]。

図表5-3．主観志向型と客観志向型による教科の分類（略語で表記）

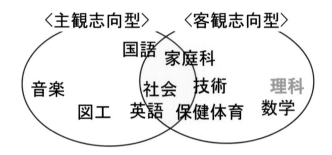

　主観志向型には音楽科，図工科，国語，外国語科，社会科を入れ，客観志向型には家庭科，技術科，保健・体育科，理科と数学科を入れた。ただし，社会科については両者の中間位置に置いた。音楽科，図工・美術科はやはり表現することを含み，それには表現する本人の主観と価値観が強く働いている。一方，理科と数学科は自然現象ということを対象としているため，観察には客観性が第一優先である。家庭科，技術科の基盤は自然現象と社会であり，価値観を共有する人間の中での位置づけと個人の満足が必要であるので，やや主観的位置の方に置いた。

　次に，教科を価値依存型と価値独立型に分類する（図表5-4）[22]。この分類法は，主観志向型と客観志向型とやや重なるところがあり，教科の配置も少し変えた。

　価値依存型には音楽科，社会科，図工科，国語科，外国語科，家庭科，保健・体育科を配置した。これらの科目で身に付ける知識や能力の内容は学ぶ人だけに留まらない価値を含んでいる。他者や社会への伝達，普及にも関係している。表現して他者の感性を刺激していくこと，他者とのコミュニケーションを取ることに関して，社会科では社会を構成する人間が求める価値についての配慮が必要である。その一方で，数

図表5-4. 価値依存型と価値独立型による教科の分類（略語で表記）

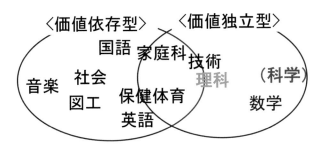

学科，理科，技術科は自然現象を対象としているため，学びを進めている内容には他者との価値共有は見られない。ただし，技術科では元になる理科と数学科の知識を基礎として，それを社会に役立てようとするデザインの思考が働く。したがって，正しくは価値依存型と価値独立型の中間に当たると考える。

　また，ここで理科と科学が書かれているが，日本の理科は他国の科学とは異なり，価値を求める学びが内容に含まれている（第7章参照）。理科は科学よりも価値依存型にやや近い位置においた。

5-3. 科学（理科）の価値独立性について

　科学（理科）の価値独立性について見ていこう。ここで対象としている科学は教科よりも学問分野に近い位置づけとして考えたい。図表5-5には科学の価値独立性を表す喩えが書かれている。それは鉄人28号[23]というアニメーションの番組で流された主題歌の一節である。

　一番では「あるときは　正義の味方」，「あるときは　悪魔のてさき」，「いいもわるいもリモコンしだい」とあり，鉄人28号がどのような働きをするかがリモコンに依存していることを表している。二番では「手をにぎれ　正義の味方」，「たたきつぶせ　悪魔のてさき」，「敵にわたすな大事なリモコン」とあり，正義の味方は団結して悪魔のてさきをたたきつぶし，大事なリモコンを，悪魔のてさきという敵にわたしてはいけな

図表5-5．科学と技術の価値独立性の喩え

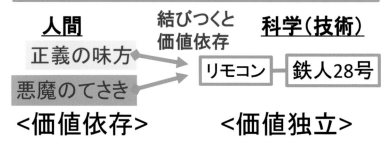

鉄人28号（横山光輝原作）の主題歌の一節（作詞　三木鶏郎）
一番（抜粋） あるときは　　正義の味方　　　あるときは　悪魔のてさき いいも　わるいも　リモコンしだい 　二番（抜粋） 手をにぎれ　　正義の味方　　　たたきつぶせ　悪魔のてさき 敵にわたすな　大事なリモコン

いと言っている。

　この内容を図表5-5の下部に示した。科学技術の成果である鉄人28号はリモコンの操作に依存した動作と働きをする。しかし，その動作と働きはリモコンを操作する人間が誰であるかに依存する。リモコンとつながった鉄人28号は価値と独立した科学技術の成果である。そこに，どのような価値観を持つ人間がリモコンを使うかで，その人間に依存した動作と働きをすることになる。

　次に，科学者と技術者の得る価値を社会との関係で考える（図表5-6）。

　科学者や技術者が得た新しい発見については，個人的な達成感があり，これは個人的価値である。また，そこには自然現象や技術分野での論理的価値を生み出したことになる。技術者はこれを社会的な価値に高めていくデザインをする。これは社会的な価値を高めることになる。しかし，科学者や技術者が新しい発見や発明を自分の中または同僚や会社で価値を共有するだけのことがある。これはあくまで個人的価値に留ま

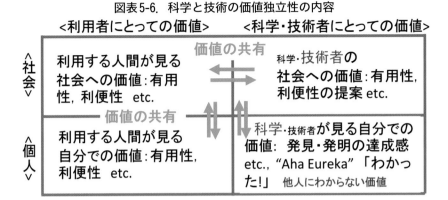

図表5-6．科学と技術の価値独立性の内容

る。そのため，発見や発明の内容の価値を高めるのはそれを利用する人や社会である。

5-4．教科を共通の構成要素で分類する

　種類を考え分類する方法として，包摂分類と分節分類が知られている（図表5-7）[22]。包摂分類（Taxonomy）については，同じ要素を持つ概念やものをひとまとまりにする分類方法である。分節分類（Partonomy）は，完成形が持つ部品や構成要素を特定していく方法である。

　たとえば，昆虫という概念に当てはまる生物は，皆共通の要素を持っているので１つに分類される。同様に教科についても教科の概念に当てはまる要素を持っていれば，教科に分類される。ただし，分類された昆虫Ａ〜Ｄ，教科Ａ〜Ｄについてはそれぞれ，Ａ〜Ｄの関係性は異なる昆虫，異なる教科という見方がされる。それは，要素の種類が異なるからである。たとえば，昆虫については頭部，胸部，腹部，足６本という要素を持っている。これらの要素を持っていればすべて昆虫に分類されるという見方である。そこで，異なる昆虫の存在は足の色が異なるとか，頭の大きさが異なるとかいう形態的な違いによる分類も可能であろう。

　昆虫と同じようにして，教科の構成要素を提案した。それは，第二言

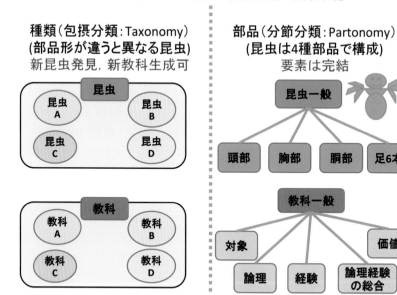

図表5-7. 概念の分類方法（包摂分類と分節分類）

種類（包摂分類：Taxonomy）
(部品形が違うと異なる昆虫)
新昆虫発見，新教科生成可

部品（分節分類：Partonomy）
(昆虫は4種部品で構成)
要素は完結

語習得過程から一般化した教科の学修プロセスである [22]。つまり，学修対象，論理，経験，論理と経験の統合，価値・目的があれば，教科であると定義する。そこで，これらの要素が異なれば異なる教科であると区別できることになる。そうすると，今後構成要素を工夫し，創作すれば様々な教科を生み出せることになる。

5-5. 教育プロセスから得た構成要素

各教科に含まれる各構成要素を教科毎に示した表（図表5-8）[22] で，各教科を比較する。

構成要素は①学修対象，②経験，③論理，④論理と経験の統合，⑤価値・目的とした。教科は10教科とした。これらの各教科の構成要素の内容が異なると考え，その内容を書き入れた。たとえば，理科では，①学修対象は自然現象，②経験は観察と実験，③論理は斉一性，分析，客観性等，④論理と経験の統合は仮説，検証，論拠，仮説修正，⑤価

値・目的は自然観の獲得，生活への応用とした。

　他の教科においても，これらの構成要素を記入した。これによって，同一の視点で各教科の相違点を理解しやすいと考えられる。さらに，この表から，教科を統合した新しい教科や特定の価値と目的を達成するための教科を創生することも可能になると考えられる。

　異なる教科で，各プロセスまたは構成要素にある内容に一致が見られる場合，それらを異なる科目の共通過程として捉え，授業を設計することもできるだろう。たとえば，ある②経験を行わせることで，複数教科の内容を学ばせることができる。基礎となる①学修対象や③論理を紹介していくこと，④論理・経験の総合，⑤価値・目的につなげることを複数教科に関して行うことも有り得るだろう。これによって，異なる教科間のカリキュラム上の重なりを減らし，学修者が効率的に学ぶことが可能であろう。

図表5-8．プロセスとしての教科の構成要素

教科の種類 （包摂分類: taxonomy）	教科の構成要素（分節分類：partonomy）				
教科	①学び対象	②経験	③論理	④論理・経験の総合	⑤価値・目的
算数・数学科	数学的現象	形と形同士の関係，数学的経験	数学的論理	解析，証明，予測	数学的世界観
理科 （物化生地は柱）	自然現象	観察，実験	斉一性，分析 客観性他	仮説，検証 仮説の修正	自然観獲得，生活への応用
社会科	社会現象 自然現象（地理）	人の価値観，社会制度，人と社会	思想，主義，利害，慣習，倫理，宗教	価値観の理解と表明 社会での位置と行動	社会での生き方の確立
国語科	日本語，日本文化	読む，聞く 話す，書く	日本語の論理	語彙理解，論理と文化理解	日本語の修得と日本語力向上
外国語科	外国語，外国文化	読む，聞く 話す，書く	外国語の論理	母語と外国語の対比理解，発信	文化理解と外国語利用力向上
美術科 （図画工作科）	形状，色彩，色調，明暗	描く，色塗り，鑑賞デザイン，形づくり	構成，感じる	器具操作とデザイン 作品と情緒	情緒の育成 デザイン力他
音楽科	音色，音調	歌う，演奏作曲，鑑賞	構成，感じる	音源操作とデザイン 作品と情緒	情緒の育成 デザイン力他
技術科	生産と生活	工作物，製図農作物，システム	流れ，繰り返し，サイクル，効率，効果	現状分析と設計	優れた生産 デザイン力他
家庭科	生活	日常生活，生活分析	支出と収入健康，快適	現状分析と設計	長短含めた快適生活　他
保健体育科	健康，身体	運動，身体的疲労，苦痛，爽快感，	バランス，時間・空間把握と調整，意志	他者との勝敗，自分との勝敗，達成，情緒	グリット育成，健康習慣，体力他
新科目？ （科目の融合離脱可）	新学修対象	新経験	新論理	新経験・新論理の総合	新価値・目的

このような表をさらに展開する方向性として，時代変化によって生まれる可能性のある新しい教科創出と設計がある。たとえば，ある価値・目的が必要な科目が求められているとすると，それに関連した価値・目的をこの表から選択して，それを生み出す①～④の要素を用いればよい。それによって，新しい教科の内容とプロセスが創出できる。ただし，この表にない必要な価値・目的があれば，新しく創出する必要があるかもしれない。

　たとえば，今後，宇宙へ人類の移住が促進された場合，「宇宙生活」という科目が必要になるかもしれない。その⑤価値・目的が，「宇宙での安全・健康・快適な生活」だったとすると，それに合わせた①～④の構成要素を選択するとか，新たに設定することが考えられる。その際，学びの場にもよるが，他の教科の要素を組み合わせて統合することも必要であろう。また，「宇宙生活」に関係する新たな学修対象を中心に学ぶアプローチを採用する場合，他の教科から①～④の構成要素を抜き出して統合して作り上げることもできるだろう。

　この表は，現在は一面的な見方であるが，今後その精度を高めて行く必要があるだろう。

5-6. グループ学習（学修）プロセスに沿った教科内容の統合

　これまで，教科毎のプロセスを示してきた（図表5-8）。学修者はInput, Intake, Integration, そしてOutput と Outcome のプロセスを経由して自分から価値を生み出す。そこで，必ずしも特定の教科に限定されないテーマに関した，課題設定プロジェクトでの学びは，必ずしも教科毎に行われるとは限らない。むしろ，様々な教科から事前知識の収集とまとめを個人で行うが，グループ学習では，学修者間の知識交換も同時に行われる（図表5-9）[22]。

　この図表で左から右への方向は学習過程を初めの Input から Outcome への方向を示している。縦方向には異なる教科の同時学修を示してい

58

図表5-9.　協働学習を含んだ学習のプロセス [22]

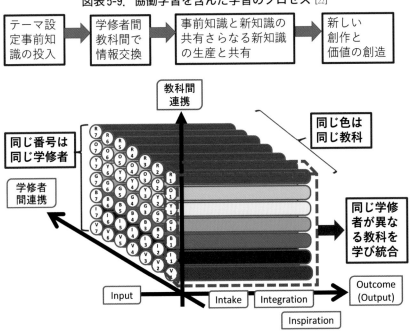

る。それらと垂直方向は異なる学修者間での情報の共有を示している。そこで，学習プロセスが進むにつれて，この３方向への教科内容の統合が進められることを示している。

第5章　まとめ

1．教科を分類する視点には，①「本基盤型」と「体験基盤型」，②「主観志向型」と「客観志向型」，③「価値依存型」と「価値独立型」が可能である。

2．科学は価値独立型に分類されるが，科学（理科）の成果は論理的価値（真実の明示）と発見の個人的価値等が主であり，そのままでは他者との関わりで価値独立的である。

3．科学の成果は，用いる人間によって価値の方向性が決ま

る。

4．教科は共通の５つの構成要素：①対象，②論理，③経験，④統合（総合），⑤価値・目的から構成されるとみると，比較しやすい。

5．このことは従来の教科の分析と新しい異教科の創生に利用できるであろう。また，グループ学習での他者との関係や教育工学的な見方との共通項を探ることにも役立つだろう。

第6章

理科の各学問分野（教科）の関係性

6-1. 理科を構成する学問分野（教科）の関係を１つのテーマから見る

　ここまで，STEM教育とSTEAM教育の歴史を日本の理科教育との関係からも見てきた。次に，理科を構成する４分野（物理学，化学，生物学，地学）の教科内容の関係性について見ていきたい。これをまず理解することで，理科と他の教科との関係性を考える基礎としたい。この章では４分野からは，「生命」という内容をどのように捉えているかを見ていく。尚，本章で用いる学問分野（教科）という表現は，学問分野と教科の両方に関係する意味で使用した。

　図表6-1に物理学から見た生命の概念について示している。「生命」というと生物学の対象であり，それ以外ではないという見方をする人たちもいるだろう。確かに，「生命」という概念は生物学からの見方をすることが多く，一般的であることは否定しない。しかし，「生命」という概念をテーマとして，他の理科の分野から見ることができる。まず，物理学から「生命」ということについて，どのように見るかを記している。量子力学のシュレディンガー方程式を考案したシュレディンガーは，"*What is Life?*"（『生命とは何か』）という著書の中 [24, 25] で，「生命」を"Physical Science"（物理学と化学）から捉えている。その中で，「生物体（organism）は『負のエントロピー』を食べて生きている」，そして，「生物体（organism）は環境から『秩序』を引き出すことにより維持されている」と記述している。これにより，生命は物理学によってい

61

わばその特徴を示し，定義できる。

図表6-1. 物理学から見た生命 [25]

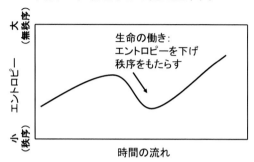

シュレディンガーは，生命の特質を物理学的あるいは化学的観点から論じている。
たとえば，「生物体は『負のエントロピー』を食べて生きている」，「生物体は環境から『秩序』を引き出すことにより維持されている」の記述がある。

次に，化学からの見方を考えていこう。このことは実は化学の一分野である有機化学と深い関係がある。19世紀前半まで，生命体を構成する物質は有機化合物（organic compounds）であった。"Organic" は「有機体の」つまり「生命体の（生物体の)」という意味である。一方，"Inorganic" は「無機の（有機体でない)」つまり「非生命の」という意味である。生命体だけが有機化合物を無機化合物から合成できることを示していた。生命体が合成した生命体の構成要素が有機化合物だった。ここに明確な線が引かれていた。しかし，1828年ヴェーラー（Wöhler）が無機化合物である尿素酸から有機化合物である尿素を合成した（図表6-2)。

図表6-2. 尿素酸からの尿素の合成

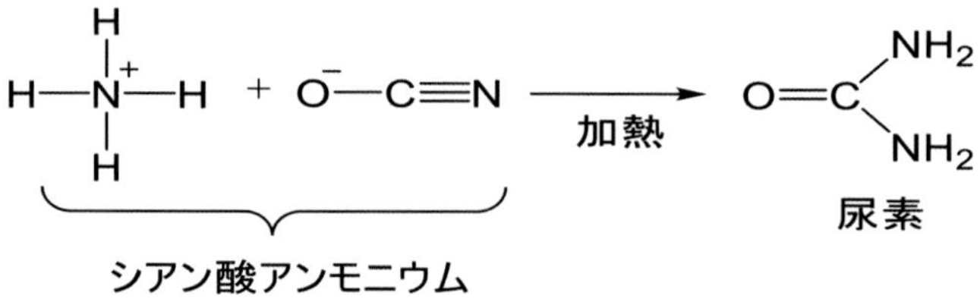

シアン酸アンモニウム　加熱　尿素

そのことについて，ヴェーラーは自分の師匠であったベルツェリウスに手紙を書いた（図表6-3)[26, 27]。その文の中には，「私は腎臓な

図表6-3.　化学から見た生命

○1828年，ドイツの化学者ヴェーラー（Wöhler）が無機物から尿素を合成した。彼はその発見について彼の師であるベルツェリウス（Berzelius）への手紙の中で，"Ich Harnstoff Machen kann, ohne dazu Nieren ---"「私は腎臓なしに尿素を合成することができました---」と書いた。
○これが新しい発見なのは，従来生命が作る物質（有機物質）と生命と無関係の物質（無機物質）との間には，明確な線が引かれており，人間が無機物質から有機物質を作ることは不可能であると考えられていたからである。すなわち，物質という点では生命と非生命は完全に区別されていた。
○現在では生体物質の化学≠有機化学=炭素化合物の化学
○NASAの定義：'Life is a self-sustained chemical system capable of undergoing Darwinian evolution'
「ダーウィン進化を受けることができる自律的な化学系」

しに尿素を合成することができました。」とあった。ベルツェリウス（Berzelius）は，生命体を構成する有機化合物が生命力によってのみ生み出され，元素から人工的に合成することができないと考えていた。これは生命体には特別な能力があるという「生気論」という考え方である。ヴェーラーの実験によって，無機物から有機物が合成できることはわかったが，それが元素から出発して合成したものでないことから，ベルツェリウスは生気論を否定することはなかった。また，ヴェーラー自身も原料に用いたシアン化カリウムが，動物の血液や角から作られる黄血塩（$K_4Fe(CN)_6$）であったため，「生気論」の否定には結びつけなかった [27]。

　しかし，何れにしても，これらの考え方は「生命」を構成する物質の視点から区分していることであり，化学的に「生命」という概念を捉えていることになる。

　別の定義がNASAによって行われている。それは，「生命とはダーウィン進化する自律的な化学系」という定義である。生命の特徴である進化の概念を化学系という仕組から捉えている。これも，化学から捉えた「生命」の定義である。

　次に，最も生命の扱いに適切とも思われる生物学からはどうであろうか。生物学から捉えた生命の定義を，図表6-4に示す。

①自己を維持できる自動機能を持つ：細胞の存在,外界と仕切り,代謝
②自己複製能力を持つ：細胞分裂, 独自の系統の維持,タンパク質
　ワールド⇒RNAワールド⇒DNAワールド（中村運, 1994年）
③進化すること：突然変異と自然淘汰

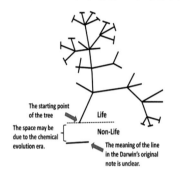

左図の説明：
ダーウィンのノートの系統樹
(*Science*, 323, p. 224, 2009)
を模写し，意味の解釈を加筆
(*Viva Origino*, 42, 32-37, 2014)

　中村運氏の著書 [28] から引用した。まず，①自己を維持できる自動機能を持つことであり，それは細胞の存在，外界との仕切り，代謝の存在を意味する。②次に，自己複製能力を持つことであり，細胞分裂，独自の系統を維持することである。③さらに，進化することである。しかし，生命の定義に進化を含めないこともある。進化ということについてはダーウィンが自分のノートに書いた記述が残っている（図表6-4）[29]。

　最後に，地学から見た生命である。地球を生命と捉える発想は古くからあったようである。それについて，地球科学的観点から生命を捉えることをしたのはハットンであった。この考え方は，フンボルトの生命と気象，地殻と共進化の考えに，さらにはラブロックのガイア仮説につながった（図表6-5）[24]。

　ここまでは，物理学，化学，生物学，地学という分野から，生命という共通のテーマの捉え方を見てきた。それは，多分野的な捉え方であり，Multidisciplinary Integration（多分野〈教科〉的統合）と呼ばれる統合の水準である。これについては第8章で後述する。

図表6-5．地学から見た生命

○地球を生命と捉える発想は，Earth Mother（母なる地球）という言葉に示されるように，最も古い宗教的なイメージとされる。この考え方は，中世を通して続いてきたとされる。

○18世紀になると，ハットン（J. Hutton）は生命を地球科学的観点から捉え，また，地球を生命と結び付ける着想を得た。

○この考え方は，フンボルト（A. von Humboldt）の，生命と気象，地殻との共進化（coevolution）という考えにつながり，さらに，ラブロック（J. E. Lovelock）らのガイア仮説（Gaia hypothesis）へと広がった。

6-2．理科４分野での概念の共有

　次に，複数の理科の分野で共通する概念について考えていこう。前回の学習指導要領改訂の際に，理科の基本的な４分野である物理，化学，生物学，地学の基本的な概念として，それぞれ「エネルギー」，「粒子」，「生命」，「地球」が提示された。これらの関係を示す概念図を図表6-6に示す。

　４分野を小学校からの理科の内容分野に当てはめると，物理と化学は第１分野であり，生物と地学は第２分野である。高等学校ではそれぞれの教科名の各分野が当てはまる。多くの場合，教科書ではこれらの分野の内容記述は重複することは少ない。小中学校では第１分野，第２分野に書かれていることに重複はなく，高等学校の物理，化学，生物，地学においても内容に重複はほとんどない。区分のため初めに引いた破線上（複数科目で共有）にあった項目の場合，あえて線を引き直して１科目に当てはめたと思われる。それは教科書における「完全区分である」という意味を込めて縦と横の線を加えた（図表6-6）[30]。しかし，４つの各概念は全ての教科と概念に跨がっている。これは円の重なりで表現し

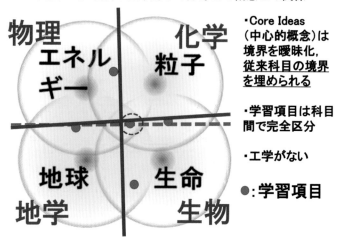

図表6-6. 理科の基本的な４分野と４概念との関係

物理　化学

エネルギー　粒子

地球地学　生命生物

・Core Ideas（中心的概念）は境界を曖昧化, 従来科目の境界を埋められる

・学習項目は科目間で完全区分

・工学がない

●:学習項目

た。たとえば，物理学の中心概念である「エネルギー」は他の３つの概念と重なる概念であり，化学，生物，地学にも含まれる概念である。

このような見方は，概念の共有であり，異分野の Interdisciplinary Integration（学問分野〈教科〉連携的統合）である。しかし，４分野それぞれの中心的な概念を提示することで，たとえば，物理はエネルギーのこと，化学は粒子のこと，生物は生命のこと，地学は地球のことだけに捉えられやすいと考えられる。つまり，４分野毎がそれぞれの中心的概念だけに留まっていると誤解されやすい。ところが，実際には物理で扱う概念には，「エネルギー」以外に「粒子」，「生命」，「地球」の概念も含まれている。他の３分野でも，同様である。尚，日本の理科には工学が含まれていない。

6-3. 理科４分野の階層性

それでは理科４分野の関係性を概念共有ではない階層性から見ていこう。理科４分野の階層性を図表6-7 [31] に示す。

図表6-7.　理科4分野の階層性

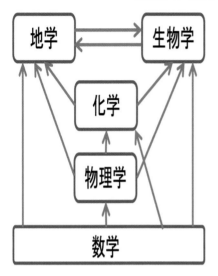

・理科は物理学，化学，生物学，地学の4学問分野（科目）からなり，矢印の起点は終点の学問分野（教科）を説明する言語的役割を果たす。
・数学から出る矢印は物理学，化学，生物学，地学が終点の4本。
・物理学から出る矢印は化学，生物学，地学が終点の3本。
・化学から出る矢印は生物学，地学が終点の2本。
・生物学から出る矢印は地学が終点の1本。
・地学をから出る矢印は生物学が終点の1本。

・各学問分野（教科）は特有の言語的要素を持つが，上位の学問分野（教科）は，下位を説明する言語的要素を持たないので，上位学問分野（教科）から下位に矢印は出ない。

　この図で最下層にあるのが理科4科目を基底から支える数学である。その上に物理学，化学があり，最上層に生物学と地学がある。矢印（→）の起点の学問分野（教科）は言語的要素として矢印の終点の学問分野（教科）を説明する働きをしている。たとえば，基底にある数学は，物理学，化学，生物学，地学の言語的要素として機能している。物理学は化学と生物学と地学の言語的要素であり，化学は生物学と地学の言語的要素，生物学と地学は互いに言語的要素として機能している。しかし，より上層にある学問分野はその下層にある学問分野（教科）を説明する要素にはならない。一方，各学問分野は独自の言語的要素を持っている。これが4学問分野（教科）の階層性の意味である。ここで，言語的要素とは，各階層の学問分野（教科）での概念，方法，枠組みなどを説明する方式である。

　これらの階層性と関係を具体的に図表6-8と6-9で示す。

　物理学は特定尺度に関係する階層を用い，様々な自然現象を数値と単位の組合せで示す（図表6-8）。同じ階層で数値を観測して様々な条件で

図表6-8. 理科４分野での物理学と化学の位置の具体例

物理学は
・特定尺度に関わる単位を用い，様々な自然現象を数値と単位の組み合わせで示す。

・同じ単位で数値を観測して様々な条件で比較する。2次元の表示では2つの単位を用いて数値を表す。3次元，4次元もあり得る。ただし，尺度が線形関係とは限らない。

・一定条件での他の条件変化で数値比較。

・数値の大小関係，変化の傾向は数理的内容で，物理学の表示は数学によって示される。

・数値的関係は数学的真理であり，論理であるので言語的要素となる。

・単位は物理学的表示で，単位間の関係性は物理学特有の言語的要素である。

化学は
・物理学を1つの言語として用い，物質の数，物質の物性を物理学の単位を用いて表示する。

・化学特有の言語に化学式，化学構造式，化学反応式である。化学式は化合物を構成する元素の種類（元素記号）で表示する。

・化学は数学的物理学で言語的に表現できる。

・化合物構成元素の原子の整数比を考慮した化学式を示す。

・構造式は立体的で言語的な表現である。元素間のつながりを立体的に表現する。上下関係，反対方向と同一方向，左右性なども表現できる。

・化学式と化学反応式は化学特有の言語的要素である。

図表6-9. 理科４分野での生物学と地学の位置の具体例

生物学は
・生物の構成物質を化学式で示す。

・物質の存在域，存在比の時間変化を記述する。

・代謝現象は化学変化であり，酵素という物質特有の反応は細胞内で連携しながら起こる。

・生物が示す物理学的現象に光の認知，構成要素ごとの機能や物性，体重変化などを物理学の単位を用いて表現する。

・発生した細胞が分裂する時期と回数，その他のことも決まる。

・地球環境と生物の関係を進化との関連で捉える生命の起源と化学進化ということも関連する。

・生物学特有の言語的要素に，①遺伝に関連するDNA，RNAの塩基配列，タンパク質のアミノ酸配列がある（複製⇒転写⇒翻訳）。②生態系と階層性，生物の形態分類等もある。

地学は
・地質学では地殻とマグマの関係性，気象についても物理学的単位を用いて表す。

・鉱物の物性と偏光現象を物理学で記述する。

・構成要素の元素と反応に注目して，化学式や化学反応式ので表現する。

・化石について，生物進化も関連づけてDNA解析を時間軸で表示して変化を見る。

・地球とその周辺の小惑星や月，他の惑星と太陽との関連を化学的に分析し，他の宇宙における変化を観測して物理学的に表示する。

・これは宇宙の進化と物質の進化，これが生命の発生と関連する生命の起源を扱う。

・地学特有の言語的要素は，地質や鉱物に関わる特有の岩石の存在と地質変化との関係で見ることがある。それも長い時間軸を用いる。

自然現象を比較し，2次元，3次元，4次元で表現することも有り得る。

　一定の条件設定で他の条件を変化させた時の測定値を比較する。同じ単位で標記された数値の変化傾向は数式で表される数理であり，数学的要素による記述である。一方，物理学には特有の言語的要素がある。それは単位で表示することである。また，ある単位と別の単位を数式的，特に割り算，かけ算で表示することも，物理学特有の言語的表現である。化学は物質の数を表示する点で数学の論理である数理を使っている。物質の物性は物理学の単位を用いている。化学での特有の言語的要素は化学式，化学反応式，化学構造式などがある。

　生物学では生物の構成物質を化学式で示す (図表6-9)。物質の存在域や存在比の時間変化を記述する。代謝反応一つ一つは化学変化であり，酵素という物質が細胞内で連携して引き起こす。定量に用いる様々な階層は物理量であることが多い。地球環境と生物との環境で考察する場合には，化学進化と生物進化の考えが使われる。生物特有の言語的要素には，遺伝に関係する核酸の塩基配列，タンパク質のアミノ酸配列，生物種の分類に用いられてきた形態と階層性などがある。

　地学では，地質については地殻とマグマの関係性，気象について物理学的階層を用いる。鉱物の物性と偏光現象を物理学的に記述する。鉱物の構成元素と反応に着目して，化学式と化学反応式で記述する。化石については，生物進化と関連づけて DNA 解析を時間軸で表示して変化を観察する。地球とその衛星である月，小惑星，惑星，太陽との関係を化学的に分析して，物理学的に観測する。宇宙の進化と物質の進化，さらに生命体の発生と進化との関係を探る。地学特有の言語的要素には，地質や鉱物に関わる特有の岩石と鉱物の存在と分類，その発生の道筋を時間的，空間的にたどる見方がある。

　ここまで数学と理科4分野の階層性について見てきたが，理科と他の教科とはどのような階層性があるだろうか。

6-4. 理科と他教科との階層性

　理科と他教科との階層性について図表6-10に示す [31]。この図は7つ
の階層からできている。すでに，説明したが階層性とは上層はその下層
の要素を含んで構成されている。上層であるにはその下層の要素を持っ
ていなければならない。しかし，上層だけでの概念は必ずしも下層の概
念を直接使うとは限らない。各層にはその階層特有の言語的要素があ
り，下層の内容を用いなくてもことは足りることが多い。

　まず，先にも示したが，4理科のすぐ下層には3算数・数学科があ
る。その下に2国語科，外国語科があり，さらにその下に，1音楽科，
図工・美術科の感性的要素をおいた。これは，人間が生まれてからの学
習歴を反映させたものである。人は生まれてから五感を発揮させて様々
な情報を取り入れていくことから始まる。ただし，味覚については食事
から学ぶので，それを含んでよいかもしれない。また，身体的感性も学
ぶであろう。これらはそれぞれ家庭科，保健体育科の感性的要素ともい
える。その後，五感との関係の中で国語的要素を学ぶ。さらに進むと算
数・数学科の根幹である数的要素を学ぶ。この後，自然環境の中から自
分と周りの環境を学ぶので4理科が3算数・数学科の上に置かれる。そ
の後，自分の生活が関わるので，5技術科，家庭科，保健・体育科がく
る。さらに，6社会で人との関係や仕組についての認識を深める。これ
ら全てを総合した7最上層で表現がなされるのではないだろうか。これ
らの階層性を考慮した教科間の総合については後述するが，この階層性
は STEAM 教育と深い関連がある。

図表6-10. 階層性を考慮した理科と他教科の関係

階層	専門分野（教科）内容
7	音楽，図工・美術，身体，言語等の表現
6	社会科，家庭科，保健・体育科
5	技術科，家庭科，保健・体育科

4	理科
3	算数・数学科
2	国語科（母語），外国語（英語）科（第二言語）
1	音楽科と図工・美術科等の感性的要素

 第6章　まとめ

1. 理科を構成する学問分野（教科）：物理学，化学，生物学，地学には概念や見方には関係がある。それを明らかにする1つの方法として1つのテーマに対して各分野からの概念や考え方を提示する方法がある（Multidisciplinary〈Thematic〉Integration）。

2. たとえば生命について，物理学，化学，生物学，地学から異なった定義が可能である。

3. 物理学，化学，生物学，地学という理科4分野のCore Idea は，それぞれ「エネルギー」，「粒子」，「生命」，「地球」とされるが，これらは各分野だけのものでなく，全分野に共有される内容である。

4. 理科4分野と数学には階層性があり，数学は理科4分野すべてを説明する言語的働きがあり，物理学は化学，生物学，地学を，化学は生物学と地学を，生物学と地学は互いを説明する言語的働きがある。ただし，その逆はないので階層性があるといえる。

5. 理科と学校教育の他教科との間にも階層性があり，最下層は芸術的な感性的要素であり，その上に国語科と外国語科⇒数学⇒理科⇒技術科，家庭科，保健体育科⇒社会科⇒芸術的表現が考えられる。これらの関係は教科間の内容統合であるSTEM教育やSTEAM教育とも関係が深い。

第7章

日本の理科教育の歴史と STEAM 教育

7-1. 日本の理科教育の歴史

　これまで，STEM 教育と STEAM 教育の歴史と具体的枠組みについて見てきたが，日本の理科では学問分野（教科）を横断するような考え方がなかったのであろうか。実は，STEM や STEAM と同様な考え方は戦前戦中から存在し，それが戦後まで受け継がれてきたことがある。まず，日本の理科の歴史について見ていこう [32]。

　図表7-1は明治以降の日本の理科教育の方向性を「科学思考重視」と「体験重視」とに対比して表現している。この図は初めの箇所から下に向かって時間軸が設定されている。その上で，左側が「科学思考重視」，右側が「体験重視」に傾いている教育方針を表している。まず，1868年の明治維新の後，1872年に学制が敷かれ，その中での理科に関する内容として，近代科学の合理的自然観と科学的な考え方に重点が置かれた。1886年に学校令が出され，理科が一つの科目として設定された。その数年後の1891年には，目に見えるものの実験と観察に重点が置かれるようになった。この方針がしばらく続けられ，1910年に国定教科書が発刊され，その後も実験・観察中心の教育が展開された。

　この後，太平洋戦争開戦の1941年に新たな動きがあった。それは教師用教科書『自然の観察』が発刊されたことである [33]。この教科書は児童生徒用ではなく，教師用であった。これが使われた時には，児童生

図表7-1.　日本の理科教育の方針変化の歴史⑴

<科学思考と構成重視>　　　　　　　<体験重視>
　　（理科嫌い⇐）　　　　　　　　（⇒誤概念）

| 1872年学制：近代科学の合理的な自然観, 科学的な考え方に重点 |

| 1886年学校令：「理科」が一つの科目に |

| 1891年科学的な考え方ではなく, 自然の事物・人工物（道具類）・自然現象に方針転換⇒「目に見えるものの実験・観察」に重点 |

| 1910年国定教科書制定, 要点を記述とノート代わりを意図 |

| 1941年　教師用教科書「自然の観察」で, 身近な教材を使い, 科学的処理方法会得, 科学的合理性 |

| 1947年生活単元学習や問題解決学習という, 身近な生活から問題解決する授業 |

| 1958年学習指導要領：系統学習中心に戻る |

徒用の教科書は使用されなかった。児童生徒用の教科書を使うと, 教師が授業で教科書に書かれたことだけを扱ってしまい, 固定された内容になってしまうことを危惧したためである。この教師用教科書には, 科学的な原理も法則性も記述されているが, それを現実世界でどのように観察し触れていくかにも重点が置かれている。しかも, そこに書かれた教材は身の回りにある自然と生活から選ばれていた。つまり, この教師用教科書を使った理科の授業は, 科学的な原理も理解することを求め, それを現実世界と結びつけて深く理解することを目指していた。つまり, 科学的思考と体験的学習の両方を兼ね備えたものだったと言えるだろう。

　1947年, 太平洋戦争が終わった直後だったためか, 現実生活での課題解決を中心とした内容であった。その10年後の1958年には, 学習指導要領では科学的原理中心の理科に戻ることになった。その後, 理科の教育は10年毎に左右に揺れ動くことになる。それを図表7-2に示す。

　1968年系統性重視で知的理解と論理主義的内容が強化された。それ

図表7-2. 日本の理科教育の方針変化の歴史⑵

<科学思考と構成重視> ◀━━━▶ <体験重視>
　　（理科嫌い⇐）　　　　　　　　　（⇒誤概念）

1968年学習指導要領改訂：系統性重視を強化。知的理解・論理主義的で「落ちこぼれ」

→

1977年学習指導要領改訂：直接経験を重視，授業時間数が減る

1992年小学校1・2年理科が生活科に。

2003年学習指導要領にない内容を加えて指導可に,学習指導要領を一部改正

←

1998年学習指導要領：理科時間数が減る

2008年　学習指導要領改訂：エネルギー，粒子，生命，地球の4概念，観察・実験，実社会・実生活との関連重視

↓

2017〜19年学習指導要領改訂：上記4概念，観察・実験，実社会・実生活，探究の過程，理数探究（新科目）

新学習指導要領は，「教科等横断」は推奨し，STEM教育やSTEAM教育という用語は使われていないがその内容を含む。

によって，授業内容を理解できない児童生徒が増えて「落ちこぼれ」が生まれることになった。これを改善するため，1977年の学習指導要領改訂では授業時間数を減らして，直接的な経験を重視するようになった。この方向性は，1992年度の小学校1，2年生への生活科導入につながった。これは1998年にさらに進められ，理科の授業時間が減らされ，いわゆる「ゆとり教育」が推進された。ところが，授業内容を減らしたことによって，学力低下が問題として指摘された。学力低下を防ぐために，2003年には学習指導要領にないことを教えることも認められた。

　この後，2008年の学習指導要領改訂ではこれまで学習指導要領の歴史にあった「科学思考重視」と「体験重視」に右往左往する方向から，両方の要素を含む形に改められた。その後の学習指導要領の改訂でもその方向性は堅持されている。

　以上のことから，「科学思考重視」が強化されすぎると「理科嫌い」が増え，「体験重視」が強化されすぎると「誤概念」を抱きやすくなる。この両方を兼ね備えた理科の枠組みは1941年に『自然の観察』によって最初に持ち込まれたと言えるかもしれない。それでは，『自然の観察』

について見ていこう。

7-2. 教師用教科書『自然の観察』の概要

　教師用教科書『自然の観察』[33] は1941年に文部省著作として発刊され，2009年に復刊された。発刊の趣旨には「自然の観察に教科書は不要。強いて作れば教師は教科書で指導して，子どもを野外に連れ出すことをしなくなる」とある（図表7-3）。これは自然現象を生活と身の回りの出来事と関連づけ，子どもたちが自然現象を自分で考え，利用できるための指導法を目指した。当時の日本は中国との戦争で食糧や生活必需品不足が続いていたことが，この書籍の出版と関連があると推察される。

図表7-3. 『自然の観察』に見られる STEM 性と STEAM 性(1)

1. 国民学校教師用の理科教育書籍『自然の観察』（1941年）発刊の背景
  (1) 戦争で食糧や生活必需品不足の状況
  (2) 「自然の観察に教科書は不要。強いて作れば教師は教科書で指導して,子どもを野外に連れ出すことをしなくなる」との趣旨で発刊
　⇒自然現象を生活と身の回りの出来事と関連づけ，子どもたちが自然現象を自分で考え，利用できるための指導法を目指した。

2. 『増補日本理科教育史』による見解
「（戦後GHQの指導下で出された）生活単元／問題解決学習は,戦時中の理科教育改革の考えをより一層徹底させたものと理解できた」
　⇒『自然の観察』は生活単元の内容と不思議な共通性。

　この教師用教科書は GHQ（連合国軍最高司令官総司令部，General Headquarters, the Supreme Commander for the Allied Powers の略号）によって焚書とされたが，近年復刊されたことで多くの人の目に触れることとなった [32]。その復刊に関係した編集者の意見では，この本は自然と環境について触れた貴重な本であることが記されている [32]。一方，『増補日本理科教育史』では，GHQ によって提案された生活単元／問題解決学習が戦時中の理科教育改革の考えを徹底させたものであると記されて

いる。したがって，この教師用教科書は，戦時中の理科教育改革の考え
を具体的に示した内容を含むと見られる。また，その教科書の内容は，
単なる学問としての自然科学ではなく，人間が生活している自然界との
つながりを通した学びについて書かれている。つまり，ここに人間との
つながりであるT，E，Aの要素を見ることができる。

7-3. 教師用教科書『自然の観察』と日本理科のSTEAM性 [34]

それでは，この書籍の具体的な記述を図表7-4で見ていこう。

図表7-4. 『自然の観察』に見られるSTEM性とSTEAM性⑵

3. 『自然の観察』の記述内容とSTEM教育性，STEAM教育性
（1）「理数科の趣旨は観察・思考・処理であり，仕方は正しく，くわしく，
明らかにすることであり，対象として自然界はもちろん，国民生活における
事物現象がすべて含まれる」
　　⇒理科の学習対象を自然現象から生活事象と広く捉えている（S, A, M）
（2）「（理数科の趣旨は）自然のありのままの姿をつかみ，自然の理法を
見いだし，わきまえ，これに従い，さらに新たなるものを創造する精神」
　　⇒科学的精神の目的を創造性と捉える（S, M, A）
（3）「（理数科）その根本には,自然に親しむ心,自然と和する心がなくては
ならない」⇒自然と和する態度の重要性を強調（S, A）
（4）「（理数科の趣旨は）常に工夫をめぐらして，ものごとのはたらきを
よくし，よりよいものを生み出そうとする精神的態度である」
　　⇒技術的，工学的内容と価値を重視（T, E, A）

　この教師用教科書は，理数科という科目の指導のために作られた教科
書である。その点から，すでに理科と数学であるSとMの要素に基づ
いた科目の教科書であることが分かる。

（1）　まず，「理数科の趣旨は観察・思考・処理であり」，からこの科目
　　　は自然現象を観察して，その現象がいかにして生じているかを考
　　　えることを意味している。その上で，「処理」とあることから，
　　　たとえば数学的な処理や自然界で知られている現象から予測され
　　　ることをまとめること（仮定）も含むと考えられる。しかし，そ

の思考過程をいわば機械的なプロセスとして扱っていることにな
る。これはある面，思考過程を 1 つの仕組として工学的な扱いと
しているとも取れる（T, E）。「自然界はもちろん，国民生活にお
ける事物事象が全て含まれる。」と広く捉えている。以上のこと
から，ここには S と A と M の要素が含まれていることが分かる。

(2) 次に，「自然のありのままの姿をつかみ，自然の理法を見いだし，
わきまえ，これに従い」という内容から，自然を観察実験する中
で，得られた情報と解釈に主観を加えず客観的に対応すること，
そこから理論と法則性を見つけること，そして，これらをしっか
りと認識してその法則性に基づいて見ていくことを示している。
科学的精神の目的を創造性と捉えている。ここまでの学びの記述
は，すべて従来から科学者が誠実に行ってきた自然現象への取り
組みであり，科学者の行動を表現していることになる。さらに，
「新たなるものを創造する精神」と記されていることから，単に
授業で提供した学びから，新しいことへ展開創造する内容が含ま
れている。これはまさに，From STEM to STEAM に込められた
新しいことを生み出す精神につながる。以上のことから，S，M，
A の要素を含んでいることがわかる。

(3) 「その根本には，自然に親しむ心，自然と和する心」とある。通
常，理科が関係する教科に，「心」という言葉が載っているだけ
でも，驚きである。自然科学を扱う理科（この教科書は理数科で
ある）は通常，客観的に物事を見て，主観や感情が入らないこと
に重点が置かれている。これは，その前の項目でも表れていた。
しかし，ここに「心」という言葉が示されている。これはいわば
科学者，観察者としての客観性を否定しているわけではないが，
客観的に得られた知識をどう捉えるかに視点を移していることで
ある。自分の生活と環境とのつながりにおける価値づけを強調し
ていることになる。その点はまさに A の要素であると言える。

(4) 「常に工夫をめぐらして，ものごとのはたらきをよくし，よりよ
いものを生み出そうとする精神的態度」で，「常に工夫をめぐら

して，ものごとのはたらきをよくし」には，改善を繰り返す態度が示されている。思考の道筋，実験観察のやり方の改善，実際の結果をフィードバックして元の条件や素材を改良することが示されている。これは自然現象の観察方法やデータの収集を1つの仕組としてとらえていることである。まさに，そこにはTとEの要素が含まれている。「よりよいものを生み出そうとする態度」にはT，E，Aの内容が含まれているとともに，物事を改善し，デザインすることの意味がある。

　以上，(1)〜(4)の内容には，STEAMの構成要素が含まれていることが明白である。したがって，このときから日本の理科にはSTEAM的要素が含まれていたと捉えられる。ただし，その後の様々な理科教育の仕組変更の過程で，STEAM的要素が強調されなくなったとも捉える事ができる。

7-4. 現在の日本の教育とSTEAM教育 [35]

　第6章の図表6-6にあるように，日本の学習指導要領が2008年に改訂され，小学校から高等学校までの一貫した理科教育と4つの基本概念（Core Idea）が示された。それによって，従来は物理，化学，生物，地学と完全分離されていた分野の間の重なりの部分が示された。2018年の改訂ではそれらの内容が継続された上で，科学者の研究方法と同様な学びの過程が示された。

　さらには，「総合的な学習の時間」が，小中学校では「総合的な学習の時間」，高等学校では「総合的な探究の時間」とされた。さらに，高等学校では「理数探究」という新科目が生まれた。「総合的な学習の時間」と「総合的な探究の時間」はいわゆる教科横断的な内容であり，学校毎の目的に根ざしたプロジェクトを児童生徒がグループで進める形を取る。これは，グループ学習に相当し，教科の内容等はそのプロジェクトの文脈によって統合される，いわゆる「文脈統合」によってなされる

ことが多い（第 3 章，図表3-8）。

　STEAM 教育から高等学校の「総合的な探究の時間」，小中学校の「総合的な学習の時間」を捉えた内容が，文部科学省から示されている（図表7-5）[35]。

図表7-5．総合的な学習，総合的な探究の時間と STEAM 教育

◎経済産業省の取り組み：「未来の教室」の実践
◎教員養成大学の中心：フラッグシップ大学とSTEAM教育
◎新学習指導要領の趣旨とSTEAM教育の方向性は一致し，「総合的な探究の時間」にSTEAMの内容をいれるべきで，「理数探究」とも関連するとの方向性が示された。
　「令和の日本型学校教育」の構築を目指して　～全ての子供たちの可能性を引き出す，個別最適な学びと，協働的な学びの実現～（答申）
【以下答申の概要の一部】令和３年１月２６日　中央教育審議会

> 3．新時代に対応した高等学校教育等の在り方について
> 　(4) STEAM教育等の教科横断的な学習の推進による資質・能力の育成
> ・STEAMのAの範囲を芸術，文化のみならず，生活，経済，法律，政治，倫理等を含めた広い範囲で定義し推進することが重要
> ・文理の枠を超えて教科等横断的な視点に立って進めることが重要
> ・小中学校での教科横断的な学習や探究的な学習等を充実
> ・高等学校においては総合的な探究の時間や理数探究を中心としてSTEAM教育に取り組むとともに，教科等横断的な視点で教育課程を編成し，地域や関係機関と連携・協働しつつ，生徒や地域の実態にあった探究学習を充実

　この資料は令和３年１月26日の中央教育審議会から出された資料であり，新学習指導要領の趣旨と STEAM 教育の方向性は一致していると記している。さらに，STEAM 教育は高等学校の「総合的な探究の時間」に STEAM 的な要素を入れるべきであると主張している。ただし，ここで示す STEAM 教育の A の範囲に言及している。「STEAM の A の範囲を芸術，文化のみならず，生活，経済，法律，政治，倫理等を含めた広い範囲で定義し推進することが重要」としている。これは Yakman の STEAM 教育の概念での A（Liberal Arts）の扱いに基づいている（第３章，図表3-1）。しかし，この考え方が強調されすぎると，① STEAM

教育によって創造性を伸ばすことも，②教科の階層性と目的も考慮していないと見ることができる（後述）。

「STEM の内容をさらに創造的にする役割が A にある」と捉えるのではなく，Liberal Arts である A の内容を目的と捉えやすいかもしれない。芸術，文化や生活については個人の価値観が反映されやすいが，経済，法律，政治，倫理等に至っては他者との折り合い，自分の価値観の抑制，妥協が生まれる。また，経済，法律，政治，倫理は社会科の内容であり，学問分野（教科）の階層性（第 6 章，図表6-9）から見ても他の教科よりかなり高い階層にある。そのため，他の教科内容を取り込んでいる側面があり，それだけで STEAM であると主張されかねない。つまり，経済，法律，政治，倫理等の内容が目的化される。したがって，STEAM 教育によって創造性を育成しようとすることと矛盾することになる。これらの科目はすでに価値づけの方向性が限られているからである。

　そこで，個性を発揮し，創造性をさらに高める改善方法として，最終的な表現方法を自由にすることであり，独特な内容を否定しないことなどに配慮することが必要であろう。つまり，自由な発想を打ち消さない工夫が求められる。表現方法を自由にするとか，人の心が共感を覚えそうな伝え方を工夫することも必要であろう。

7-5. 創造性を抑えない授業での工夫

　この内容についてはさらに後述するが，ここでは簡単ないくつかの工夫を示しておきたい。それは第 3 章に示した拡散思考を促進することである。課題解決は，最終的には収束思考による具体的な道筋が求められるが，単に解決方法が収束するだけで，それが最良の方法とは言えない。まずは，様々な観点からいろいろな考え方を容認して，あらゆる可能性を考えることである。これが拡散思考である。拡散思考の後に，現実に戻って課題解決にはどの方法が最良であるかを考えることが収束思考である。ただし，すぐに収束したのでなく，あらゆる考え方を評価し

てからの決断ならばそれは正に最良の課題解決である。

　この拡散思考を促すための問いの方法として，open-ended question（自由回答形式の質問）を用いることがある。これは，closed-ended question（選択回答方式の質問）と反対の意味がある。closed-ended question では解答の選択肢が提示されて，解答が限定されるが，open-ended question では解答の選択肢が提示されないため，自由な解答が可能である。たとえば，この例として，5W1H がある。5W1H とは，質問に用いる語を英語で，What（何），Where（どこ），Who（だれ），When（いつ），Which（どれ），How（どのように）である。これを用いた質問に対する解答は一つに限定されるものでない。ただし，Which の場合には解答の選択肢が限定される。

　このような質問をされた児童生徒は発想をいろいろ広げることができ，拡散思考を可能にできる。

　また，If（もし～だったら）に関わる質問も，いろいろな発想を広げさせる。予想もしない答えが返ってくるかもしれない。そのような解答にどのように応じるかは，教師の力量が試される。これらについては，具体例を挙げて後述する。

第７章　まとめ

1．日本の理科教育は理論重視と体験重視の間を往復する歴史を歩み，前者は理科嫌いを後者は誤概念と学力低下を生み出してきた。現在は両要素の均等がとれた探究型教育となっているが，STEAM 教育的要素も求められる。

2．1941年に発刊された教師用教科書『自然の観察』は日本の理科における STEAM 教育的要素を持っていたとも考えられる。不思議なことに，戦後 GHQ によって主導された日本理科教育はこの教師用教科書の内容と深い関係性がある。

3．近年，日本の高等学校の「総合的な探究の時間」が

STEAM 教育的要素を含み，小中学校での「総合的な学習
　　の時間」でも関係する教育を進めることが提案された。
　4．通常の授業でも創造性を開花するような，拡散思考育成型
　　の授業が求められる。

第8章

横断，架橋，往還，統合，融合とは

　すでに，学問分野と教科との関係について述べたが，異なる学問分野間と，異なる教科間が，ほぼ同様な関係であると見なせることもある。その場合には，学問分野（教科）と表示して議論する。まず，異なる学問分野（教科）の間の関係がどのように深まるかについて考えていこう。この関係性の深まりを意味する用語には，以前から様々なものが提示されてきた。

8-1. 学問分野（教科）横断等に関する用語の相互関係 [31, 34, 36]

　今までに，教科横断，架橋，往還，統合，融合等様々な用語が，教科の関係性を強めるとか深めると思われる用語として用いられてきた。それらの用語を日本語と英語で比較した表を示す（図表8-1）。ここに示す言葉はすべて，人間の視点，意識，動きになぞらえた比喩的な表現である。

　まず，日本語の学際的という言葉は，複数の学問分野（教科）の境界の領域にあること，あるいは両方に属することを意味する。英語ではMultidisciplinary, Interdisciplinary, Transdisciplinary という言葉で表現されることが多い。逆に，これら3種類の英語は，すべて「学際的」と日本語に訳されており，区別がない英和辞典が一般的である。しかし，実際にはこれら3種類の英語の意味は異なっており，これらの用語によって示される学問分野（教科）間または学問分野（教科）内容間の関係は異なる。これらの意味の違いは，教科内容の関係性によって区別できる

（後述）。

図表8-1. 教科間または教科内容間の関係づけの用語

日本語表現	英語表現
・**学際的**：学問と学問の境界にあるか，または両方に属することもあり，どちらに属するかわかりにくい	Multidisciplinary Interdisciplinary Transdisciplinary
・**横断的**：複数分野に関わる	Cross-cutting, Cross-sectional, Transversal
・**統合的**：構成要素がまとまり1つになる（元の構成要素の形と質は残ってよい）	Integrative
・**融合的**：溶け合い1つになる（元の構成要素の形が確認できず，異なる形と質に）	Fusional
・**往還**：往き還る（行き戻る），異なる場所を繰り返し行き来する	Round trip Coming and going

　そして，「横断」は，複数の学問分野（教科）に関わること，境目や道を渡って異なる学問分野（教科）に渡っていくこと，あるいは同じ方法や視点を使うことも意味する。英語では，cross-cutting, cross-section, transversal が該当するが，これらの意味は微妙に異なっている。「架橋」は複数の学問分野（教科）に橋を架けてつなげることを意味する。それによって，橋のこちら側と向こう側で異なる学問分野（教科）の内容や情報の共有が行われる事を意味する。英語では，bridge formation, cross-link, cross-linkage である。「往還」は複数の領域の行き来を繰り返すことを意味するが，使い方に注意する必要があり，図表8-1の中では最も曖昧な言葉である。

　ここまでは，学問分野（教科）の視点，方法，内容等を関係づける「手段」である。

　次に，「統合」は複数の学問分野（教科）の構成要素がまとまり，一つになることであるが，統合後に各構成要素の存在がある程度確認できてもよい。「融合」は複数の学問分野（教科）の構成要素が溶け合って一つになり，区別できなくなることである。「統合」の度合い（統合度）が高まって構成要素が確認できなくなると「融合」となる。「統合」と

「融合」は学問分野（教科）間の関係性を深める「手段」であり，「成果」でもある。

8-2. 統合の３つの水準 [16, 31, 37]

　学問分野（教科）間の関係がどのようなものであるかで，Multidisciplinary, Interdisciplinary, Transdisciplinary という関わりの仕方がある。これらの学問分野（教科）の内容間で行われる統合は，Multidisciplinary Integration, Interdisciplinary Integration, Transdisciplinary Integration という分類が知られている。これらのうち，最初の２つについては具体例をすでに第６章で示した，異なる図で再度説明する。まず，Multidisciplinary Integration について示す（図表8-2）。

図表8-2. Multidisciplinary Integration（多分野的統合）

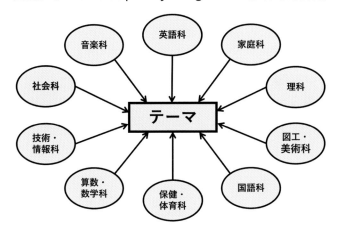

　第６章では，理科の「生命」という共通のテーマに対して，物理学，化学，生物学，地学からの視点で捉えた内容を示した。図表8-2では，同じテーマに対して学校教育の10教科から別々に捉えることを表している。Multidisciplinary Integration は別名 Thematic Integration（テーマに沿った統合）とも呼ばれる。これは，異なる教科毎の捉え方が示される

だけで，各教科の内容間の関係性は求められない。これは３種類では統合度が一番低いと評価される。

次に，Multidisciplinary Integration より統合度の高い統合方法である Interdisciplinary Integration（分野連携的統合）を図表8-3に示す。

この図は異なる学問分野（教科）の概念や方法等を共有する統合の方法である。たとえば，技術・情報科で使われる情報処理についてのスキルを理科や社会科，その他の学問分野（教科）で使うことなどがある。英語での表現を他の教科で利用することもあるだろう。ここまでの教育実践の例を図表8-4に示す（この内容は第３章の p. 37 にも）。

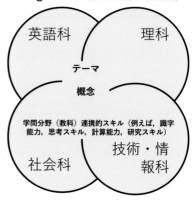

図表8-3．Interdisciplinary Integration（分野連携的統合）

Multidisciplinary Integration の例として地図作成というテーマを分野別に見た内容を示す。Interdisciplinary Integration の例として多面体構造と建物の安定性を異なる分野の概念を共有して考えていく。

さらに，高い統合度には Transdisciplinary Integration（分野包含的あるいは超分野的統合）がある（図表8-5）。これは従来の学問分野（教科）に必ずしもとらわれない自由な発想を生み出すことで，学問分野（教科）の概念や方法等がそれぞれの域を超えて発揮される。

その具体例と関連の用語を図表8-6に示す（この内容は第３章の p. 38 にも）。新しい発見につなげるプロセスとその能力に関わる言葉に「セレンディピティー」という言葉がある。これはセイロン（現在のスリランカ）における王家に伝わる逸話から生まれた言葉であり，思いがけない発見という成果およびそれを生み出せる能力を意味する [17, 18]。

また，新しいことという点では，化学系のある大学で伝わる言葉に，

図表8-4. Multidisciplinary Integration と Interdisciplinary Integration の実践例 [16, 34, 37]

○分野別に見るが共通テーマ（「地図作成」）：**"Thematic Integration"**

> **Multidisciplinary Integration:** 地図作成の単元（Cary Sneider）
> 　コンパス，水準器，長い定規を使って（算数・数学），地域の傾斜，広がりを測定し，キャンプ場の立体地図を作成した（地学，地理）。植物相と動物相を特定のため（生物）ハイキングに行き，浅瀬を渡って小川の水源の推測をした（地学）。スペインの征服以前にそこに住んでいた原住民（歴史）と同じように，泥で調理用のかまどを作り上げた（技術）。

○多面体の構造と建物の安定性を，異なる分野から関連付ける

> **Interdisciplinary Integration:** 算数・数学と建物の構造の単元
> 　ストローと糸だけを使って5つの正多面体のヘリだけを組み立てた（算数・数学）。長方形の建物，円錐形，アメリカ原住民の円錐形のテント，イヌイットの小屋，測地用ドームでの安定性を考察させる（技術）。なぜ人が今日直方体の家を建築するのかのアイデアを書かせた（工学）。もっとたくさんのストローと糸を使い，それ自体で立てる直方体を組み立て，家の枠組みを支えるモデルを作製（技術・工学）。人類最初の橋である丸太から，現在の橋の構造へ発展するまでの歴史を調べた（歴史，技術）。

エトヴァスノイエスという言葉がある（図表8-6）。

　図表8-7に以上の統合水準の比較を示す。統合度は Multidisciplinary, Interdisciplinary, Transdisciplinary となるにつれて高まるとされる。つまり,各学問分野（教科）の内容はひとつのまとまった形を取る。

Disciplinary, Multidisciplinary, Interdisciplinary, Transdisciplinary は学びの中での学問分野（教科）のつながりを示している。Disciplinary は学問分野（教科）を別々に学び,あるいは課題解決の際に別々に利用するので統合はない。各統合水準に導く道筋,統合水準,成果水準については後述する。

図表8-5. Transdisciplinary Integration（分野連携的統合）

教科領域

テーマ
概念
生活スキル
現実世界の文脈
児童生徒の課題

図表8-6. Transdisciplinary Integration の実践例 [16, 34, 37, 38]

Transdisciplinary Integration： 子豚の解剖が飼育に

子豚の解剖を計画していたが（生物），児童の反対で豚を生かして飼うことになった。豚を飼う際に必要な豚小屋の製作（技術），餌（生物），それから面倒を見る（時間的計画としての算数・数学）ことが，異なるプロジェクトとして開始された。豚に餌を与える際にベルを鳴らすことで豚が反応することを確認する条件反射の実験（生物）を行った。豚の名前をコスタリカの歴史上の人物にちなんでつけた（歴史）。Willi's Pen
○PBL（Project-based Learning）の活動と評価できる。
○子供たちが話し合い，子豚を飼うという課題を協力して解決した。
　⇒　現実世界の課題解決
○生きた子豚を実験対象として，生物の条件反射の実験を思いついた。
　⇒　セレンディピティー：予期しない発見をすること，またはその能力。
（胸組虎胤，化学と教育，69，8月号(2021)の図から作成）

Etwas Neues（Something New）を生むことか？
エトヴァス ノイエス　　何か新しいこと，新しい何か
ドイツの化学者Heinrich B. Wielandの言葉（阪大名誉教授小竹無二雄，『誰そ彼』，六月社，1958；佐治敬三，サントリー生命科学研究所HP　http://www.sunbor.or.jp/sajikeizou/）

図表8-7. 各統合の内容と統合水準の比較 [16, 31]

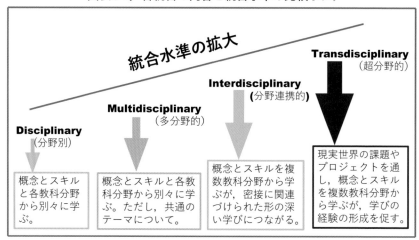

（Vasquez JA et al., "STEM Lesson Essentials Grade 3–8"〈2013〉に書かれた内容）

8-3. 往還の意味 [36]

　次に往還（「おうかん」）について論じたい。

　この往還（「おうかん」）は，古くは「おうげん」とも読まれており，5世紀末から6世紀に中国の僧で浄土教の開祖である曇鸞（476-542　不詳）が用いた「往相の回向」と「還相の回向」という二種の回向がその由来のようである。これは西暦500年代前半には往還の「往」と「還」を対にして使っていたことを示す。また，親鸞も1224年（元仁元年）に教行信証の草稿本（正信偈）で，「往・還の回向は他力に由る」（往還回向由他力「往還回向」）を使った。『続日本紀』で和銅2年（709年）の出来事について「往還」が使われており，『万葉集』でも「往還」が使用されている。7世紀には浄土教が伝わっていたとされるが，これが当時「おうげん」と読まれていたか，「おうかん」と読まれていたかは不明である。往還は，その後以下のような使われ方をしたので，いくつかの意味が加わった（図表8-8）。

図表8-8. 往還の使い方と教育での利用実態

〇秩父往還に代表される「往還」は2箇所の往き還りを繰り返す行為，その道筋を意味する。ただし，出発地は人によって異なり，目的地（秩父）は1箇所である。
〇教育での「往還」は，主体（学習者，学修者，教師の意識）がその出発地から目的地へ仮想的な往き還るを繰り返す行為。学びの「手段」に過ぎない。
・「往還」の習慣化は1つの成果かもしれないが，それが実際の学びと教育の改善につながるとは限らない。
・「往還」の習慣化の方法と目的・成果を考える必要がある。
〇「往還」による統合・融合の達成など目的の明確化が重要。
〇「往還」の誤認識，重厚性と音感に陶酔しないことが重要。

　古い例では，秩父（埼玉県）へ行き来する（往き還る）ための道筋は，「秩父往還」と呼ばれており，当初，日本武尊が甲斐国（山梨県）から雁坂峠を越えて秩父に行った道が起源とされる。

　その後，あちこちから秩父に行って元に戻る道はすべて，「秩父往還」

と呼ばれるようになった。元々の意味は、出発地から目的地への往き還りを繰り返すことである。その目的地の名称から、「(目的地)往還」という名前に使われている。また、街道のことを「鎌倉往還」、「萩往還」のように呼んでいる。

　一方、教育で使われる「理論と実践を往還する」は、主体またはその意識が、理論と実践を行き来するという意味であると推定される。しかし、この使い方は出発点と目的地が不明瞭であり、本来の意味から外れている。

　また、理論と実践を繰り返し往き還ったとしても、それは単なる手段であり、それだけで教師の力が身につくとは言えない。つまり、成果不明の手段方法に留まっている。実際にはそれによってどのような力が身につくかを考える必要がある。

　さらには、理論にも実践にも様々な要素があるので、それがどのように関係するかを考察することも重要である。それをはっきりさせた上で、教師力の向上を論じることができる。これを図表8-9に示す。

図表8-9. 往還の適切な使い方「理論と実践を往還する」[36]

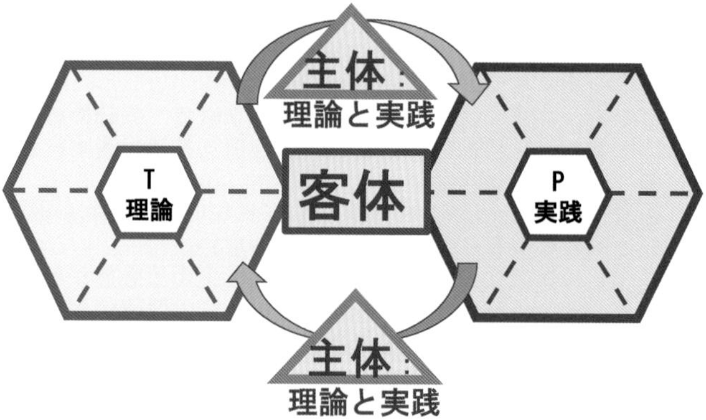

〇意識の往還は手段であり目的でない。
〇往還すれば力がつくとは限らない。
〇「理論と実践の往還」より「理論と実践を往還する」という表現が適切。「理論へ往って自分に還り、実践に往って自分に還ることを繰り返す」意味。

　しかし，この図では主体がどのように振り返るかが不明瞭である。そのため，さらに意味を明確にするために図表8-10に概念を提案する。

図表8-10.　理論往還と実践往還の連携概念図 [36]

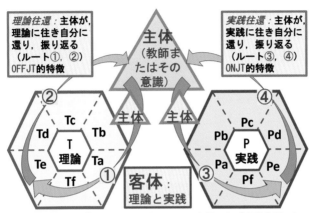

○本来の意味から「○○往還」と表現して，主体から「理論往還」と「実践往還」とすれば振り返りも入れられる。
○理論も実践もそれぞれいくつもの構成要素からなる。往還の各構成要素のどことどこを往還するかで種類が様々ある。

　それは主体（教師，学修者等）が自分の意識を理論に向かわせ，自分の中に戻すことで，学びを確認して自分の中にある理論と実践の既存知識と関連づけることができる。これを「理論往還」と名付ける。また，主体（教師，学修者等）が自分の意識を実践に向かわせ，自分の中に戻すことで，学びを確認して自分の中にある理論と実践の既存知識と関連づけることができる。これを「実践往還」と名付ける。自分への振り返りも含めたこの方法を繰り返すことで，主体（教師，学修者等）は実際に理論と実践を統合できる。

　さらには，理論と実践の要素は図表8-11にあるように理論と実践の要素間の関係性を理解し深めることも可能となるであろう。

　実際に理論と実践とを矛盾なく起動できるのは，自己であり，統合・融合ということは実際には自己の中に現れる成果である。それを自己の中でどのように結びつけるかは，人によって異なっている。

図表8-11. 「理論」と「実践」の往還の種類（1領域選択の場合）

教師の仕事領域	理論 T	理論往還 T⇄M	自己	実践往還 M⇄P	実践 P
a. 教科内容	Ta	⟹		⟸	Pa
b. 授業実施	Tb	⟹		⟸	Pb
c. 児童生徒指導	Tc	⟹	M	⟸	Pc
d. 学級経営	Td	⟹		⟸	Pd
e. 地域連携	Te	⟹		⟸	Pe
f. その他	Tf	⟹		⟸	Pf

略号：Ta，a.教科内容の理論（T: Theory）；Pb，b.授業実施の実践（P: Practice）他同様；理論往還，M（自己）からTへ往きMに還る；実践往還，MからPへ往きMに還る；全12種類の往還は状況に合わせすべて組み合わせ可能。

第8章　まとめ

1．「横断」，「架橋」，「往還」，「統合」，「融合」などの用語が学問分野（教科）間や内容の関係で使われることがある。「横断」，「架橋」，「往還」は手段であり，「統合」と「融合」はこれらの手段によって得られる成果であると捉える事ができる。さらに，「統合」と「融合」は学問分野（教科）間の関係を深める手段でもある。

2．学問分野（教科）間の関係を示す英語の Multidisciplinary, Interdisciplinary, Transdisciplinary の日本語訳はすべて「学際的」とある。しかし，これらの用語は学問分野（教科）の関係が異なる。

3．Multidisciplinary Integration は，Thematic Integration とも言われ，1つのテーマに対して異なる分野からの考え方を提示することであり，Interdisciplinary Integration は，異な

る学問分野（教科）間で概念や方法の共有を行うことであり，Transdisciplinary Integration は異なる学問分野（教科）と他の現実世界での内容間でより深い概念共有を行うことで，新たな発見に結びつけることである。統合度の水準はMultidisciplinary ＜ Interdisciplinary ＜ Transdisciplinary とされる。

4.「往還」（おうかん）は，中国の浄土教に由来する「往還」（おうげん）と同様の言葉で，行き来を繰り返すことを意味する。「理論と実践の往還」は不明瞭な意味を持ち，完全に「理論」と「実践」を区分し，自己意識の関わりが不明瞭であるので，自己から出発して自己に戻る「理論往還」と「実践往還」の繰り返しを提案する。

第9章
STEAMによる創造性育成とブルームの改訂タクソノミー

9-1. 学問分野（教科）の内容統合と創造性について

すでに示したように異なる学問分野（教科）間での統合・融合には様々な形態が有り得る。何れにしても，統合・融合の過程を経ることで新しい発見につなげることができる。たとえば，Disciplinary ⇒ Multidisciplinary ⇒ Interdisciplinary ⇒ Transdisciplinary へと統合水準 [16] が高まると，その成果は従来の学問分野（教科）に囚われない，当初は予期しなかった発見につながることが多いとされる。この成果はまさに創造的価値を生み出すことである。そのような創造的価値を生み出せる能力を持っていることは創造性があるといえる。

9-2. STEM教育とSTEAM教育と創造性

STEM 教育はScience（S），Technology（T），Engineering（E），and Mathematics（M）という学問分野（教科）を統合した教育であるが，T と E は Arts（A）的な要素を含んでおり，創造性につなげられる。しかし，それ以外に明確な A の要素を加えることで，新たな発想と創造性につなげられる（図表9-1）[39]。

この図は STEM が統合されてから Arts の働きによって革新，創造，課題解決につながる新しい価値を生み出せることを示している。そこで，確かな創造につなげるには Arts の存在が特に重要である。Arts の

図表9-1. STEM教育からSTEAM教育になると創造的に

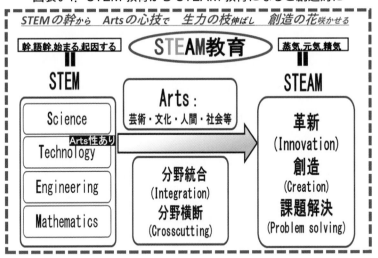

役割は，特定の学問分野（教科）に囚われることではなく，概念の共有や考え方の横断を通して柔軟な発想を得て，それを課題解決につなげることである。このことについては，拡散思考を促すこととしてすでに論じた（第3章）。Artsについては芸術的，感性的側面と自由な発想となるリベラルアーツ的側面が提案されている。これについては後述する。

9-3. 創造性とブルームの改訂タクソノミー

　1956年にBloom（ブルーム）が学びの成果水準の包摂分類を提案した（元祖タクソノミー）[40]。その後，2001年にAnderson（アンダーソン）らがブルームのタクソノミーを改訂したタクソノミー（改訂タクソノミー）[41]を発表した（図表9-2）[42]。

　元祖タクソノミーでは，学びの成果水準は下層から「知識」⇒「理解」⇒「応用」⇒「分析」⇒「総合」⇒「評価」であった。しかし，改訂版では「記憶している」⇒「理解する」⇒「応用する」⇒「分析する」⇒「評価する」⇒「創造する」となった。これらのタクソノミーは包摂分類であるが，上層はそれより下層の要素を基礎にしている階層性を表現している。

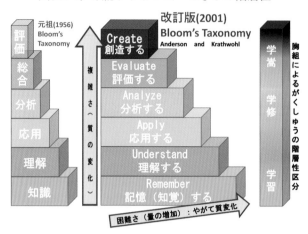

図表9-2. 改訂タクソノミーと学びの階層性

　階層性については，第6章の図表6-7と図表6-10で示したように，上層は下層を構成要素とし，基礎としていることを意味する。ただし，各階層では下層の要素について直接に言及，顕在化することなく，各階層の言葉や概念だけを用いることもある。

　各階層での知識量の増加は，当初は量の変化のみであり，質の変化は伴わないため，困難さが増える。一方，上層への移動は知識の質の変化を表している。上層への変化はきっかけが必要であるが，各階層での知識量の増加が一定量以上になると質の変化がもたらされないとも限らない。

　改訂タクソノミーは学びの質を表しているので，日本で中等学校と高等学校での学びを表すことに使われる「学習」と「学修」に当てはめて示すことができる。さらに，「創造する」の水準に至った学びの成果を「学嵩」（がくしゅう，まなかさ）[42]という造語に当てはめて表現できる。「学嵩」，「学修」，「学習」の水準の区分は完全には分類できていないが，「学嵩」は「学修」と「学習」の要素から成り，「学修」は「学習」の要素からできているという点で，この3つは階層性がある。「学習」はあることを繰り返し取り組み，記憶し慣れる成果，0から1次元の世界である。「学修」は「修」の意味から，修正過程を経て，複

数をまとめて学問を修めることである。「修」には「長い」の意味があり，長い竹を修竹と言い，幅と葉の広がりも想像できるので，1から2次元である。「学嵩」（がくしゅう，「まなかさ」とも発音できる）は容積を示し明らかに3次元を想像させる。「嵩む」（かさむ）には「他に比べて程度が勝る」という意味もある。

9-4. 改訂タクソノミーと階層性

改訂タクソノミーには，階層性が表現されている。すでに何度か述べたように，タクソノミーは種類を示し，特定の大きな種（上層の種）がいくつかの種（下層の種）に分類される場合，上層の種は下層の種すべての部分構造（パートノミー）を持っている。これをすでに提示したが，改めて比較のために図表9-3に示す（図表5-7としても掲載）。

図表9-3.　概念の分類方法（包摂分類と分節分類）

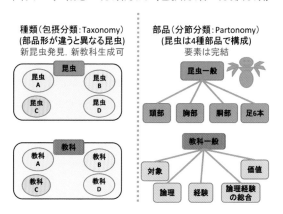

昆虫一般という上層の概念では，その全体構造は4つの部品からできていることを示している。ここで，これらの部品の構造が変わると，下層の概念である昆虫の種類が異なる。たとえば，昆虫A～Dのようである。教科一般の概念では共通の部品があり，その部品の種類が異なると教科の種類が教科A～Dのように異なる。しかし，タクソノミーで

示した昆虫や教科の種類には階層性が内包されていることがある。
これを具体的に図表9-4に示す。

図表9-4. 昆虫，教科，学びを例にしたタクソノミーと階層性

（例）上位昆虫は下位昆虫の遺伝子を持つが，下位は上位の遺伝子を持たない。	（例）上位教科は下位教科の要素を持つが，下位は上位の要素を持たない。	上位学びは下位学びの要素を持つが，下位は上位の要素を持たない。
昆虫 A	教科 A	学び A
昆虫 B	教科 B	学び B
昆虫 C	教科 C	学び C
昆虫 D	教科 D	学び D
昆虫 E	教科 E	学び E
昆虫 F	教科 F	学び F

　たとえば，昆虫についてみると，最下層にある昆虫Fから最上層の昆虫Aまではすべての昆虫がもつべき部品を持っている。しかし，その頭部の部品の種類が異なれば，これらの昆虫は異なる種類である。さらに，たとえば上層の昆虫は下層の昆虫の頭部の遺伝子を持っているが，下層は上層の遺伝子を持っていなければ，このように階層性で示すことができる。階層性の書き方は，上層はそれより下層の構成要素を持っているが，下層は上層の構成要素を持たない。
　次に，教科について見ていこう。昆虫と同様に，教科A〜Fはすべて教科の構成要素を持っているので教科の範疇にある。しかし，その種類が異なるのは構成要素の種類が異なるからであり，上層の教科は下層の教科の構成要素を持っているが，下層の教科は上層の教科の構成要素を持たない。ただし，これはある種類の構成要素の階層性を反映したこ

とである。たとえば，用いられる論理での階層性かもしれない。階層性は種類間の関係性を特定の視点で表現したものである。そのため，昆虫について，教科について，それぞれの定義に関する構成要素でなくても，別の視点からの階層性表現も可能である。遺伝子の視点からの階層性についてはすでに述べた（図表9-4）。

　教科については，言語的説明の働きを第6章の図表6-7〜6-9に示した。

　学びについては学びの成果で表現した（図表9-4）。上層の学びは下層の学びを構成要素として持っているが，下層の学びは上層の学びを構成要素として持っていない。これは，まさに改訂タクソノミーと一致する（図表9-2）。

9-5. タクソノミーと階層性の演習

図表9-5にある空欄に文字を入れて階層性を表現してみよう。

図表9-5. タクソノミーと階層性の構成演習

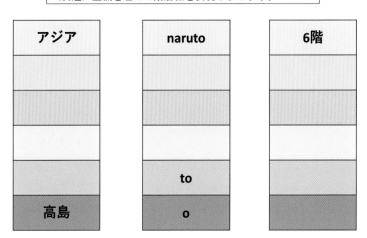

左は最上層がアジアであり，最下層が高島（鳴門市にある島）であ

る。たとえば，これを地理的な関係性と捉えて，最下層の高島⇒鳴門市⇒徳島県⇒四国⇒日本⇒アジアという階層性が可能である。上層は下層を地理的に包含していることが視点である。次はどうだろう。

中央は，最下層から o ⇒ to ⇒ uto ⇒ ruto ⇒ aruto ⇒ naruto という階層性が可能である。右側は最下層から1階⇒2階⇒3階⇒4階⇒5階⇒6階が可能である。これらはすべて，上層は下層を要素として含んでいる。

9-6. 改訂タクソノミー各階層の知識の次元と過程上の区分

改訂タクソノミーの各階層を構成する知識は，4つの知識の次元であるA. 事実的知識，B. 概念的知識，C. 手順的知識，D. メタ認知的知識から構成されることを示している。A. 事実的知識は単一の出来事についての認識であるが，この単一知識が積み重ねられ複数の知識が集まり，知識間の関係性からある概念が生まれる。これがB. 概念的知識である。これをもとに時間的，空間的，概念間の関係づけ的な手続きを踏むことでC. 手順的知識が生まれる。最後に，ここまで得られた知識を，仮想的であるが高い層の位置から総合的に考察するD. メタ認知的発想で得られる知識も想定される。

これらの概念図を図表9-6に示す。

各水準での知識の量が増えていくと，知識間の関係の深まりから次元が高まって行くと考えられる。メタ認知的知識に高まると，知識間の関係性の質が変化してさらに高い水準になるとも考えられる。これは一つの見方である。

その一方で，各階層で知識を得る過程の具体的内容はどのようなものだろうか。それについては図表9-7に示す。まず，「記憶している」水準での過程は，認識と想起からなる。これは事実や現象を認識し，それを必要なときに思い出すことである。「理解する」水準では，解釈の過程で事実間の関係を自分で解釈する。事例化の過程で，解釈した具体的内容を言わば一般化して，事実間の関係性をパターン化する。分類の過

図表9-6.　改訂版ブルームのタクソノミーの知識の次元

学びの過程水準	知識の次元 （学びの過程で得られる知識・成果）			
創造する Create	A. 事実的知識 Factual knowledge	B. 概念的知識 Conceptual Knowledge	C. 手順的知識 Procedural knowledge	D.メタ認知的 知識 META. cognitive knowledge
評価する Evaluate	A. 事実的知識	B. 概念的知識	C. 手順的知識	D. メタ認知的 知識
分析する Analyze	A. 事実的知識	B. 概念的知識	C. 手順的知識	D. メタ認知的 知識
応用する Apply	A. 事実的知識	B. 概念的知識	C. 手順的知識	D. メタ認知的 知識
理解する understand	A. 事実的知識	B. 概念的知識	C. 手順的知識	D. メタ認知的 知識
記憶している Remember	A. 事実的知識	B. 概念的知識	C. 手順的知識	D. メタ認知的 知識

図表9-7.　改訂版ブルームのタクソノミーの過程上の区分

学びの過程水準	学びの過程上の区分						
創造する Create	一般化 generating		計画化 planning		産出 producing		
評価する Evaluate	確認 checking			批評 critiquing			
分析する Analyze	識別 differentiating		体系化 organizing		原因導出 attributing		
応用する Apply	計画遂行 executing			実行手段の準備 implementing			
理解する understand	解釈 inter- preting	事例化 exempli- fying	分類 classi- fying	要約 sum- marizing	推論 infer- ring	比較 com- paring	説明 ex- plaining
記憶している Remember	認識 recognizing			想起 recalling			

程で，パターン化した事実間の関係性を，条件毎に分類し区分することである。

　さらに，要約の過程で，分類した知識をまとまった内容に構成し直す。推論の過程では事象が置かれる条件である原因毎に結果を予想する。比較の過程ではその推論を条件毎に比較検討する。説明の過程では，ここまで得られた理解に関する知識を総合的にまとめて説明する。

　この上の水準である「応用する」では，計画遂行，実行手段の準備の過程を経ることで，理解した内容を応用に高める。「分析する」水準では，条件毎の現象の識別をして，体系化して，原因と結果を意識して推論して，原因を明らかにする。

　「評価する」水準の確認の過程では，条件毎に得られた結果や現象を，目的の事象にどのように効果的に働いているかを比べて確かめる。批評の過程では，目的に向かって効果があったかなかったかについて評価する。

　最上の水準である「創造する」には一般化，計画化，産出の過程がある。

 第9章　まとめ

1．学問分野（教科）等の間での高い水準の統合は，学ぶ人が創造的価値を生み出すことにつながる。

2．STEM の統合に加え A の要素が統合されることでさらに高い水準の統合と価値を生み出せる。これが STEAM 教育の成果である。

3．学びの階層性についてはブルームの元祖タクソノミーを発展させた改訂タクソノミーが知られており，最下層から記憶している，理解する，応用する，分析する，評価するとなっており，創造するが一番高い水準である。

4．改訂タクソノミーの各層での学びの量が増えると困難さが増し，学びの質が変化し複雑になるが高い成果に結びつく。

第10章

統合方法，統合水準から成果水準につなげる

10-1. STEAM教育への統合方法，統合水準，成果水準

どこからどこまでがSTEM教育でSTEAM教育であるかについては，様々な議論があるが，それがものごとの権威付けにつながることがあってはいけない。ある特定の研究者が"OK"といえばSTEM教育，STEAM教育であるとするならば，そこにはどうしても主観が入ってしまう。そこで，STEAM教育について，これまでの議論も含め，STEAM教育と言えるかどうかを，客観的な3つの見方：(1)統合方法，(2)統合水準，(3)成果水準で考察したい。これら3つの見方をつなげたSTEAM教育の評価について議論したい。その概念図を図表10-1に示す。

10-2. 統合方法 [2, 34, 36]

まず，A.統合方法については1．文脈統合と2．内容統合を示す。1．文脈統合の見方は，プロジェクトやプロブレムに対するグループ的学びを設定することで，学びの参加者が自分たちの知識や方法を明らかにし，他者に影響を与えることで新しい発見に結びつける取り組みである。2．内容統合の見方は学問分野（教科）の内容を事前にコントロールして，できあがったカリキュラムや授業内容を予想する。これらの取り組みの生まれた歴史的経緯についてはすでに図表3-8（この章では図表10-2として表示）で示した。文脈統合についてはデューイのProblem MethodとProject Methodが基礎になっているようである。

図表10-1. STEAM教育での統合方法，統合水準，成果水準

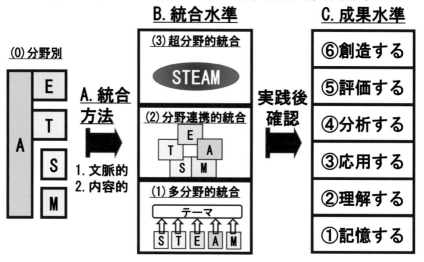

図表10-2. STEM教育とSTEAM教育への文脈統合と内容統合（図表3-8）

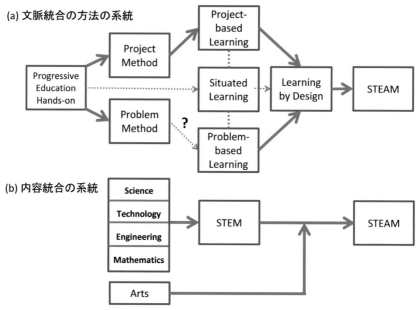

文脈的統合と内容統合について図表10-3にまとめる。

図表10-3.　文脈統合と内容統合

1.　文脈統合（Context integration）

STEM教育やSTEAM教育に当てはめた場合：いくつかの学問分野（通常は数学や科学）を教える動機付けの要因として，工学的デザインの形に統合することを指し，目的は工学自体ではなく，児童・生徒・学生が内容を学ぶのに役立つ教育としての工学デザインをできることである。

PBL（Project–based Learning）は文脈づくりの機会を提供。

⇒**Transdisciplinary Integration**につながる。

2.　内容統合（Content integration）

STEM教育やSTEAM教育に当てはめた場合：工学的思考と数学や科学の内容を統合することであり，そこでは工学を含む複数分野が学修活動や単元の対象の1つとなり，数学と科学の学びと工学的な達成が求められる。事前に異分野に共通の内容を設定することも含まれる。

文脈統合は STEAM の各要素間の統合を目指す文脈づくりを行う。最終的に工学的なデザインに結びつけることである。内容統合は事前に各分野の特定の内容を設定することによる。

文脈統合を生み出すグループ学習は PBL（Problem-based learning, Project-based learning）と呼ばれる手法である（図表10-4）。これらの手法を用いると，結果的に STEAM 教育の学問分野（教科）の構成要素を統合する方向に進めることができる。

Problem-based learning と Project-based learning には類似した点があるが，前者は単一分野に関するテーマで短期間で組まれることが基本であり，後者は多分野に関するテーマで長期間で組まれることが多い。この点だけで考えると，前者は後者に含まれると見ることもできる。何れにしても，これらの文脈的統合方法によって，課題解決のための学びが進み，教科内容の統合が進むと考えられる。

図表10-4. Problem-based learning と Project-based learning の比較

	Problem-based learning	Project-based learning
概要	学ぶ人中心の教育理論である。学ぶ人は課題を解決することを通して特定の話題について学び，通常グループで活動して解答が1つであるとは限らない課題を解決する。学ぶ人の研究力になり，理論と実践の統合，知識とスキルの応用で，明確な課題を実行可能な解決につなげる。	アクティブラーニングと学生の関与を促し，高次元の思考を可能にする。学生は現実世界の課題に取り組み，プロジェクトの完成を通して解答を見出す。学生は自分たちが取り組むプロジェクト全般にわたり，最終成果とともにプロジェクトをどのように終えるかを管理する。
違い	▪ 学びの成果を共有し，教師と連携して学びの目的と成果を設定する。 ▪ 単一分野的で ▪ 短期間である。 ▪ 課題毎に特定の段階を踏んで進める。 ▪ 現実世界に関わらないシナリオやケース ▪ 具体的な作品もあるが，書いたり発表したりすることで表現する解決を提案する	▪ 目的が設定されており，教育がなされる方法が構造化されている。 ▪ 多分野的であることが多く， ▪ 長期にわたる。 ▪ 一般的な段階を踏んで進める。 ▪ 現実世界の課題解決する本物の課題を解決する。 ▪ 作品の制作と演じることを含む。

10-3. 統合水準

　統合方法と統合水準については第8章でも論じたが，そこでは学校教育での10教科が例として示されていた。この章では各教科の代わりにS, T, E, A, M を統合の学問分野（教科）例として考える。

　Disciplinary, Multidisciplinary, Interdisciplinary, Transdisciplinary は学びの中での学問分野（教科）のつながりを示している。Disciplinary は学問分野（教科）を別々に学び，あるいは課題解決の際に別々に利用する。これらの統合の方法による統合水準の概念を，図表10-5（図表8-7）に示す。

図表10-5．STEAM の構成要素の統合とその水準（図表8-7）[2, 16, 34, 37]

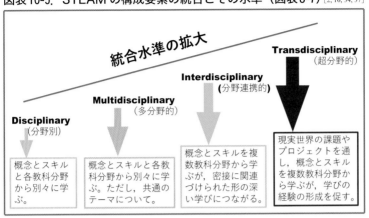

　Disciplinary（分野別）は STEAM での統合はなく，別々に教育し学ばせるので統合度は 0 である。Multidisciplinary（多分野的）の Integration（統合）では，STEAM の各分野の概念，スキル等を別々に学ぶが，その方向性は共通のテーマに関してである。Interdisciplinary（分野連携的）の Integration（統合）では，STEAM を構成する分野での概念，方法等も共有される。

　Transdisciplinary（超分野的）の Integration（統合）では，従来のSTEAM を構成する学問分野（教科）の内容に囚われない方法や着想に至る形での課題解決につながることである。これはセレンディピティーやエトヴァスノイエスの喩えに該当する新しい発想を生み出す。予期しない発見となることが有り得る（図表8-6）。

10-4．成果水準

　STEAM 教育によって得られた成果の水準を，改訂タクソノミーに示された学びの階層性で提示する（図表10-6）。

　改訂タクソノミーは 6 段階の学びの階層性から成る。上層ほど高い学びの成果を達成したと見ることができるので，STEAM による学びの

図表10-6. STEAM 教育による成果水準 [42]

学びの水準と気付きの到達水準	気づきの方向性		
創造する	3rd	V-⑥	H-⑥
評価する		V-⑤	H-⑤
分析する		V-④	H-④
応用する	2nd	V-③	H-③
理解する		V-②	H-②
記憶している	1st	V-①	H-①
無知覚		V-①	

矢印中のV-①〜⑥はタクソノミーの水準上昇を導く気づき，H-①〜⑥は同じ水準での気付き。

成果を判断する材料となる。この図では６段階の下に無知覚という層を設けた。階層が向上する際には，それに応じた気づきがある。上の階層に行く過程ではそれなりの学びがあり，階層上昇の気づきを V-①〜V-⑥までで示した。各階層内では，同じ階層での知識量の増加がある。たとえば，「記憶している」段階で，特定の用語の数が増えると知識間の関係性への気づきがあるので，それを H-①とした。上層への気づきの段階を学びの過程に当てはめて示した図を図表10-7に示す。

　この図の横軸は母語という既存知識をもつ学びの人が，第二言語を習得する際のメカニズムを基礎にしている。ただし，それを応用した学びの過程を示している。ここで，第二言語に新しく学ぶ学問分野（教科）を，母語に学びの人の知識と技能を対応させている。第二言語習得のメ

図表10-7．学びの過程と昇学の気づき [42]

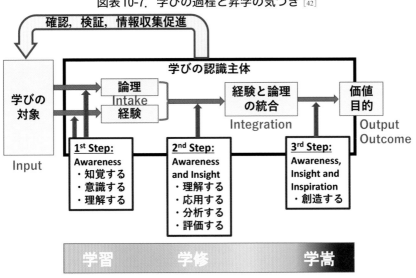

カニズムとその応用については，すでに，第４章の図表4-8で示した。この図表10-7では，気づきの段階と学びの成果についての関連も表示している。

　気づき（Awareness）は３段階から成る。第１段階（1st Step）はAwareness であり，改訂タクソノミーの「知覚する，意識する」と「理解する」の段階に進む気づきである。第２段階（2nd Step）は Awareness and Insight であり，「理解する」「応用する」「分析する」「評価する」の段階に進む。第３段階（3rd Step）は Awareness, Insight and Inspiration であり，「創造する」に進む。これら各段階は，より高い成果水準に進むきっかけとなり，「学習」，「学修」，「学嵩」に当てはまるので「昇学の気づき」と名付ける。

　これら「学習」，「学修」，「学嵩」についての説明を図表10-8に示す。

　この図は基本的に「学習」の上に「学修」，これらの上に「学嵩」があるという学びの階層性を示している。「学習」は単一のことに繰り返し取り組む意味合いがあり，０〜１次元と捉えた。「学修」は修正と複

数のことをまとめて学問を修める意味がある。関連して、「修竹」という言葉は長い竹を意味し少しの幅と葉の広がりを連想させるので，1〜2次元と捉えられる。さらに、「学嵩」は著者の造語であるが，容積があることを意味し，3次元を連想させる学びに使える。以上から，学習＜学修＜学嵩と表示できる。尚，学修は学習の要素を含み，学嵩は学習と学修

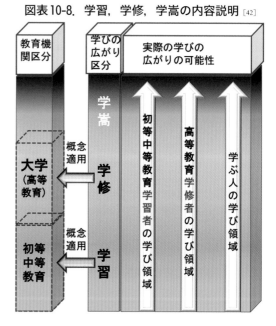

図表10-8．学習，学修，学嵩の内容説明 [42]

の両方の要素を含むという階層性から成っている。

　学習については初等中等教育での学びに対応し，「学修」は高等教育での学びに対応させられている。しかし，学習＜学修＜学嵩という広がりと階層性の定義に従うと，学びの内容は学校種に限定されるものでなく，だれでも，「学嵩」の極みに到達できる。

10-5. 各段階の気づきを引き出す「発問」[12]

　次に，学びの段階を高める発問について述べる。まず，発問については closed-ended question と open-ended question に分類できる。これは，発問への回答が限定的（closed-ended question）であるか非限定的（open-ended question）かによる分類である。前者は解答の内容が「はい」や「いいえ」など，答えが決まっている発問であるが，後者は答えが決まっておらず，様々な答えが可能な発問である。たとえば，図表10-9

にその具体例を示す。

図表10-9. 改訂タクソノミーに関わる発問具体例

・Closed-ended question: 「はい」か「いいえ」など，答えが決まっている発問。
・Open-ended question: 答えが決まっておらず，いろいろな答え方が可能な発問。

(1)記憶している（知覚する）
①知っていますか（これについて知っていることは何ですか）；
②覚えていますか（これについて覚えていることは何ですか）
(2)理解する
①どのように解釈できますか；②例を挙げなさい；③グループ分けしましょう；
④これを一言で言うとどうなりますか？；⑤この条件ではこの後どうなりますか；
⑥比べてみましょう；⑦何が起こっているか説明しましょう。
(3)応用する
①このことに当てはめてください；②どんな条件，準備が必要ですか？
(4)分析する
①それとこれはどこが違いますか；②ここにあるたくさんのものをいろいろな点から詳細に分類してください。③こういう状態になった原因をいろいろ考えましょう。
(5)評価する
①やろうと思ったことが達成できたのか，いろいろな点から考えてください。
②これをもっと改善するにはどうしたらよいですか。
(6)創造する
①これはどの国でも使えますか具体的に考えてみましょう。②誰もがこれを使えるにはどうしましょう。③これを新製品として効率的に作るにはどうしますか。

　これは改訂タクソノミーの学びの階層性に関連付けた区分である。
　まず，(1)記憶している（知覚する）では，①としてかっこの外には「知っていますか」とあり，これは closed-ended question である。かっこ内の「これについて知っていることは何ですか」という発問は open-ended question である。(2)〜(6)までの各段階での発問はすべて open-ended question の発問を例として示している。これらの発問によって，学ぶ人が新しい気づきにつなげられるきっかけを作ることになる。
　それでは，この考え方をもとに，各段階上昇への発問を具体的に考えてみよう（図表10-10を利用できる）。

図表10-10. 学びの階層を高める発問を考える

Open-ended questionの型式で具体的な発問を考える

(1)記憶している（知覚する）：

(2)理解する：

(3)応用する：

(4)分析する：

(5)評価する：

(6)創造する：

　また，創造性を発揮させる授業の例と提案を書いてみよう（図表10-11）。

図表10-11. 創造性発揮の授業提案

---

1. 自分の得意分野での授業テーマを示す。

2. 学ぶ人たちが知るべき内容の項目を示す。

3. 授業テーマと知るべき内容との関係を図（または言葉）で示す。

4. 学ぶ人たちが改訂版タクソノミーでどの段階にあるかを仮定する。

5. 4で仮定した段階より、より高い階層へ向かわせる発問を複数考え、答えを予想する。

第10章　まとめ

1．STEAM 教育における学問分野（教科）間の統合方法，統合水準，成果水準の関係を考えると，統合方法では事前に設計した内容統合よりも，PBL を用いる文脈統合による方が高い統合水準である Transdisciplinary Integration につながりやすく，創造的といえる高い成果水準につながる可能性が高いだろう。

2．ブルームの改訂タクソノミーにおける高い成果水準に向かわせるには，各段階の気付きが上の段階に向かわせるのに必要であろう。

3．これらの気付きを第二言語習得の機構に当てはめると，論理と経験の内在化（Intake）への第 1 の気付き，論理と経験の統合（Integration）への第 2 の気付き，さらに，価値・目的（Output と Outcome）につながる第 3 の気付きになる。

4．これら第 1，2，3 の気付きにつながる学びは，学習，学修，学嵩（がくしゅう）である。

5．気付きにつなげる問いの工夫として，closed-ended question よりも open-ended question を用いる方が効果的であろう。

第11章

創造性を発揮させる授業の例と提案

11-1. 創造的思考の段階

この章では創造性を生み出す仕組について知られていることを述べる。創造的思考を行うための4つの段階：(1)準備，(2)培養，(3)照明，(4)検証について，アダマールは言及している（図表11-1）。

図表11-1. 創造的思考の4段階（文献 [12] から作成）

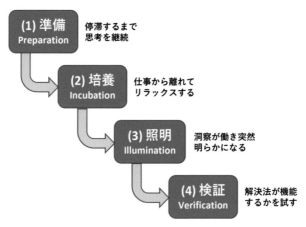

(1) 準備の段階では，課題解決について意識を集中して，調べたり，考えたり，試行したりすることで情報を集めていく。その段階が継続されていくが，すぐには解決に至らないで行き詰まる。課題解決に焦点を当てるほど行き詰まることがある。

⑵　培養の段階では，これまでやってきた課題解決の仕事，作業，思
考からは離れて，別のことを考えたり，リラックスしたりする期
間を設ける。

シャワーを浴びるとか，居眠りをするとか，ゆっくり散歩すると
かである。

⑶　照明の段階は，培養の段階から一気に課題解決のひらめきが出現
した時からである。この瞬間は，いわゆる"eureka"（ユリーカ）
である。

"eureka"（ユリーカ，英語の発音は［ju(ə)ríːkə］，意味は「わ
かった」）という言葉は，古代ギリシャの科学者アルキメデスが
湯船につかっているときに閃いて，同時に叫んだ言葉が由来と
される。また，この閃きの瞬間は英語の感嘆語である"aha"（ア
ハ，英語の発音は［ɑːháː］，意味は「わかった」）とも表現され，
"eureka"（ユリーカ）と同様の内容である。

物理学者の湯川秀樹が中間子論を閃いたきっかけが，寝床であれ
これ考えていた時だったとされる。この状態は寝床で身体がリ
ラックスできていた「培養の段階」を経て照明の段階に達したと
も見ることができる。また，ドイツの化学者ケクレは，ベンゼン
という芳香族炭化水素の構造が6角形であることを思いついたと
される。これも暖炉の前で居眠りしてリラックスしていた際であ
るとされる。⑵培養の段階では思考が特定のことに囚われない
拡散思考が誘導され，⑶照明の段階に至るのであろう。

⑷　検証の段階は，閃いた解決法が実際に機能するかどうかを確認す
るための実験や観察，具体的な方法を用いる。そのためには，い
ろいろな発想の基になる拡散思考が必要とされる。

11-2. 拡散思考と創造性

拡散思考についてはすでに第3章で述べた（図表11-2は図表3-6か
ら）。

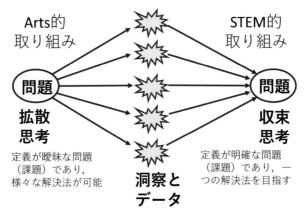

図表11-2. 拡散思考と収束思考（文献 [12] から作成, 図表3-6）

Arts的
取り組み

STEM的
取り組み

問題

問題

拡散
思考

収束
思考

定義が曖昧な問題
（課題）であり，
様々な解決法が可能

洞察と
データ

定義が明確な問題
（課題）であり，一
つの解決法を目指す

　拡散思考とは，様々な視点，方向への考え方を認めて可能性を広げる考え方である。それに対して，STEM 的な発想は解決に結びつける収束思考であり，課題解決の方向性を一つに絞る発想である。まず，Arts による拡散思考によって様々な可能性を容認して考えを広めることが重要であり，その後に多くの可能性の中から最適の課題解決を選択すると優れた解決に進める。

　STEM と Arts が促進する思考方法は，それぞれ収束思考と拡散思考である。このような拡散思考を促進するには自由な発想ができる環境も必要であり，リラックスすること，課題とは関係ないことに集中するなど，いわば「培養の段階」が重要である。つまり，「培養の段階」とArts はともに拡散思考につなげられる。

11-3. 思考態度と創造性

　対照的な思考態度として，成長的思考態度（growth mind-set）と固定的思考態度（fixed mind-set）があることについてはすでに第3章で示した。

　Arts が基礎となる拡散思考は成長的思考態度を促すとされる。成長的思考態度（growth mind-set）は成功を予測する判断材料は努力であり，

努力によって能力が高まるという思考習慣である。一方，収束思考は固定的思考態度を促進する。固定的思考態度（fixed mind-set）は成功を予測する判断材料は能力であり，能力は固定的であるとする思考習慣である。

　成長的思考態度を持つ人は，遺伝が自分の起点であると認識していても，向上を促すのは自分の決心であり粘り強さだと信じている。本来人は成長的思考態度を持って生まれてくると考えられている。しかし，非常に多くの子どもが固定的思考態度を示すことが多い。これはその子どもの主要な教育環境である両親や世話をする人たちの態度が影響していると考えられる。教師もそれらの人に含まれる。

　固定的思考態度を持つ児童生徒が，教師から「賢くない」と言われると，それをそのまま受け取り，原因が自分の及ばないところ（遺伝など）にあると考える。また，このような児童生徒は困難に直面するとそれを乗り越えることを諦めやすい。また，「賢い」と言われる優秀な児童生徒でも，教師からの悪い評価が自分に及ばないように，クラスで失敗しないように困難なことはせず，賢く振る舞うことが多い。尚，ここでの教師は固定的思考態度を持つと考えてよい。

　一方，成長的思考態度を持つ教師は，児童生徒の学びの成果が低くても，固定的なものであると考えず，向上させられると信じている。教師が児童生徒の能力は努力で高められることを伝えると，児童生徒は自分の日々の学習に自己効力感を得て，固定的思考態度は成長的思考態度に変更できる可能性が高まる。

11-4. だれでも創造的になれる [12]

　教師の対応によって，児童生徒はだれでも成長的思考態度に変換できることがわかる。成長的思考態度を持った児童生徒は，日々の課題に粘り強く取り組む姿勢が高まる。遺伝という原因によって，生み出された自分の能力の固定化を肯定するのでなく，日々の学びと努力によって能力を高めることができると信じられるようになる。これは困難な状況に

いたとしても，それを柔軟に受けとめ，変えていけると考える習慣が身につくことにつながる。

　しかし，確かに創造的な仕事を行った人と言えば，有名な科学者や芸術家がすぐに頭に浮かび，自分は創造的ではないと考える人も多いだろう。ただし，それはこれらの人と自分を相対的に比較した所から生まれる発想である。Andreasen（アンドレアセン）[43] は，著名な科学者や芸術家を並外れた創造性（extraordinary creativity）があると評価したが，ほとんどの人にも普通の創造性（ordinary creativity）があるとしている。さらに，普通の人もさらに創造的になれるとしている。

　前頭側頭型の認知症になった人が，身体的行動はむずかしくなった一方で，衝動的制御が解除されたため，絵画，彫刻，素描などに興味を持ち始めた。完全に身体行動ができなくなるまで，芸術活動を行った。これは創造的考えが解放されて発揮されたと見ることができた [12]。また，眠ることや夢を見ることによって，脳の制御が緩んで，脳が開放的になり，数的処理を自由な発想でできることが分っている [12]。これらの成果は，脳の制御が緩んだことによる，まさに拡散思考により生み出されたものである。

11-5. 創造性を発揮させる授業と評価

　これまでに児童生徒の創造性を高めるための，教師の取り組み方についていくつか述べてきた。すでに，STEAM 教育に関して示したが（図表10-1），図表11-3に示す。これに関連して具体的な授業方法等について示していきたい。

統合方法の工夫：

(1) 文脈統合

　まず，各学問分野（教科）の要素を統合する際に①特定テーマ，②グループ的学びの要素が入った，いわゆる Project-based learning の手法を

図表11-3．STEAM 教育での統合方法，統合水準，成果水準（図表10-1）

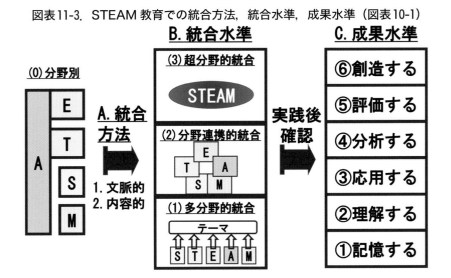

用いる。

　この際，テーマの範囲をある程度限定すると，内容統合の要素が入るが，基本的には①特定テーマと②グループ的学びという条件による文脈設定による文脈統合がなされる。

⑵　内容統合

　つぎに，S，T，E，A，M の各学問分野（教科）の要素を統合するための工夫として，教師は前もって各教科の要素が入るように計画を立てる。これは内容統合である。この工夫は，すべての教科におけるいわゆる「教科等横断」の取り組みとして行うことができる。これは基本的に，教科毎の授業での実戦が可能である。つまり，各教科の授業の中でその教科と他の教科またはそれ以外のトピックスと関連づけて授業を行うことである。

統合水準の評価：

(1) 計画上

　これは，内容統合の際にある程度計画し，Multidisciplinary Integration, Interdisciplinary Integration, Transdisciplinary Integration であるかを決めることができる。ただし，統合度を高める場合，Science については Mathematics での説明や記述を利用する工夫があるとよい。Technology と Engineering については応用，システム開発を取り入れ，Arts については Technology と Engineering にある Arts 的要素を引き出す工夫を取り入れることができる（図表11-4）。元々これらの学問分野（教科）は近い階層にあるので関連づけやすい。ただし，Transdisciplinary Integration（図表11-5）については偶然性があったり，グループ学習などでの新しい展開を可能にする文脈統合が求められる。

(2) 授業後

　授業後に統合度を評価できるが，計画上のことが，どの程度児童生徒に受け入れられたかを記録することが必要である。①アンケートの実施とともに，②何らかの成果を表現した内容を作らせるとよい。それと，③その表現に対する説明を求めよう。以上のことから，児童生徒の学びの中に学問分野（教科）間での概念，見方・考え方，方法などでの共有があったかどうかを明らかにしよう。図表11-4に STEM または STEAM 教育における各統合水準での教育実践の例を示すので，これを参考にして統合水準を明らかにできる。

　これはあくまで授業全体での学問分野（教科）の統合水準を示しており，アンケート等によって，受講した児童生徒の中での統合水準は異なることが分かるかもしれない。

図表11-4．STEM 教育での統合水準毎の教育実践1 （図表8-4）[16, 34]

○分野別に見るが共通テーマ（「地図作成」）："Thematic Integration"

Multidisciplinary Integration:地図作成の単元（Cary Sneider）

コンパス，水準器，長い定規を使って（算数・数学），地域の傾斜，広がりを測定し，キャンプ場の立体地図を作成した（地学，地理）。植物相と動物相を特定のため（生物）ハイキングに行き，浅瀬を渡って小川の水源の推測をした（地学）。スペインの征服以前にそこに住んでいた原住民（歴史）と同じように，泥で調理用のかまどを作り上げた（技術）。

○多面体の構造と建物の安定性を，異なる分野から関連付ける

Interdisciplinary Integration：算数・数学と建物の構造の単元

ストローと糸だけを使って5つの正多面体のヘリだけを組み立てた（算数・数学）。長方形の建物，円錐形，アメリカ原住民の円錐形のテント，イヌイットの小屋，測地用ドームでの安定性を考察させる（技術）。なぜ人が今日直方体の家を建築するのかのアイデアを書かせた（工学）。もっとたくさんのストローと糸を使い，それ自体で立てる直方体を組み立て，家の枠組みを支えるモデルを作製（技術・工学）。人類最初の橋である丸太から，現在の橋の構造へ発展するまでの歴史を調べた（歴史，技術）。

図表11-5．STEM 教育での統合水準毎の教育実践2 （図表8-6）[16, 34, 37, 38]

Transdisciplinary Integration： 子豚の解剖が飼育に

子豚の解剖を計画していたが（生物），児童の反対で豚を生かして飼うことになった。豚を飼う際に必要な豚小屋の製作（技術），餌（生物），それから面倒を見る（時間的計画としての算数・数学）ことが，異なるプロジェクトとして開始された。豚に餌を与える際にベルを鳴らすことで豚が反応することを確認する条件反射の実験（生物）を行った。豚の名前をコスタリカの歴史上の人物にちなんでつけた（歴史）。Willi's Pen

○PBL（Project-based Learning）の活動と評価できる。

○子供たちが話し合い，子豚を飼うという課題を協力して解決した。

⇒　現実世界の課題解決

○生きた子豚を実験対象として，生物の条件反射の実験を思いついた。

⇒　セレンディピティー：予期しない発見をすること，またはその能力。

（胸組虎胤，化学と教育，69，8月号(2021)の図から作成）

Etwas Neues（Something New）を生むことか？

エトヴァスノイエス　　　何か新しいこと，新しい何か

ドイツの化学者Heinrich B. Wielandの言葉（阪大名誉教授小竹無二雄，『誰そ彼』，六月社，1958；佐治敬三，サントリー生命科学研究所HP　http://www.sunbor.or.jp/sajikeizou/）

成果水準の評価：

　成果水準は，最終的な成果内容が改訂タクソノミーの段階にあるかで評価できる。改訂タクソノミー，下層の水準から①記憶する，②理解する，③応用する，④分析する，⑤評価する，⑥創造するである（図表11-3）。各階層における具体的な学びの過程については図表10-6に示した。最終成果が，どの過程を経ているかで成果水準を評価できる。また，各階層での学びの水準を上層に高める機会としては，それぞれの階層の上につなげる「昇学の気づき」が有効であろう（図表10-6）。さらに，気づきと学びの過程とに関連づけた概念図は図表10-7に示した。

　成果内容としては，作品，課題解決への創造的取り組みの発表，具体的に実施した行為や行事など，様々考えられる。

11-6. 創造性を発揮させる授業での具体的工夫のまとめ

　これまで，創造性や成果の階層性を高める工夫などについても述べてきたが，それらをここでまとめるとともに，新たな工夫も加えてまとめる。

○問いにopen-ended questionを使う [12]

　これについてはすでに5W1Hに関連した質問，Ifを使った質問を紹介した。ここで，次の図表11-6にある概念（図表2-6の内容から）を使うことも提案する。

　この内容は，*A Framework for K-12 Science Education* にある科学と工学を横断する概念である。

　しかし，この考え方は科学と工学だけでなく，様々な学問分野（教科）の横断につながる興味深い内容である。

　1．Patterns を用いた質問であれば，「この文の型式とその文の型式にはどんな共通点がありますか？」。2．Cause and effect を用いると，「こ

の町の構造という結果の原因となった事件にはどのようなものが考えられますか？」。3．Scale, proportion, and quantity を用いると，「四国は日本全体の面積と比較して，どのくらいの比率ですか？　また，その面積は何平方 km ですか？」。4．System and system models を用いると，「消費税という仕組がある理由は何ですか？」。5．Energy and matter を用いると，「四国に太陽から投入されるエネルギーとそこから生まれる物質はどのくらいの量ですか？」。6．Structure and function を用いると，「この楽器の構造とそこから出せる音との特徴は何ですか？　この穴の構造から，なぜそのような音が出せるのですか？」。7．Stability and change を用いると，「この橋はなぜこんなに長い期間丈夫なままで保たれているのですか？　実はどこか変化していませんか？」。以上のように，open-ended question を考える際の具体的材料を提供している。

図表11-6．科学と工学の横断の概念（図表2-6から）[6]

No.	Seven Crosscutting Concepts（7つの横断の概念）
(1)	Patterns （様式，原型）
(2)	Cause and Effect: mechanism and prediction （原因と結果：機構と予測）
(3)	Scale, Proportion, and Quantity （規模，比率，量）
(4)	System and System Models （系と系モデル）
(5)	Energy and Matter: Flows, Cycles, and Conservation （エネルギーと物質：流れ，循環，保存）
(6)	Structure and Function （構造と機能）
(7)	Stability and Change （安定と変化）

○問いに階層を高める気づきを誘発する内容を使う

①成果水準：改訂タクソノミーの各階層の関係のところでこの点については、すでに述べた。昇学の気付きを促す方法を取ることが一つの方法である。

②教科の階層性：教科の階層性は図表11-7（図表6-9と同じ）に示す。

図表11-7. 10教科の階層性 [31]

階層	専門分野（教科）内容
7	音楽，図工・美術，身体，言語等の表現
6	社会科，家庭科，保健・体育科
5	技術科，家庭科，保健・体育科
4	理科
3	算数・数学科
2	国語科（母語），外国語（英語）科（第二言語）
1	音楽科と図工・美術科等の感性的要素

　高い階層へ向かう統合は，低い階層の内容を上の階層へ応用することで可能である。低い階層への統合は，高い階層の要素を分析して基礎的要素を抽出することで可能である。このことについては，STEMとSTEAMとも関連づけて第12章で詳しく述べる。

 第11章　まとめ

1．創造的思考が4段階を経て発揮される説が知られている。その段階は，(1)準備：停滞するまで思考を継続；(2)培養：仕事を離れてリラックスする；(3)照明：洞察が働き突然明らかになる；(4)検証：解決法が機能するかを試す

こと，である。

2．拡散思考と収束思考を交互に用いることで，課題解決の様々な可能性を把握し選択できるので，よりよい課題解決につなげられる。

3．内容統合や文脈統合の方法を用いることで，STEAM教育の統合水準を上げることができ，それによって拡散思考が促進し，創造力を育成できることが考えられる。

4．創造力を高める授業における全般的な工夫として，(1)児童生徒が自己効力感を高める評価の言葉を使う；(2)成長的思考態度が養われる励ましの言葉を使う；(3)表現，発表の場を設ける。

5．創造力育成のための発問として，(1)open-ended questionを使う（5W1Hを使用する），(2)Ifを用いるなどがあり，具体的な使用を試みることがよい。

第12章

総合的な学習と STEAM から教科等横断の形

12-1. 総合的な学習と STEAM 教育

　数年前に学習指導要領が改訂され，小中学校では「総合的な学習の時間」[44, 45] が新しくなり，高等学校では「総合的な探究の時間」[46] になり「理数探究」[47] という科目が新たに設置された。これらは，いわゆる教科等横断の内容を含んだ授業時間または教科である。その科目が設置された経緯について，令和3年（2021年）1月の中央教育審議会での答申（「令和の日本型学校教育」の構築を目指して〜全ての子供たちの可能性を引き出す，個別最適な学びと，協働的な学びの実現〜）がなされた（図表12-1）[35]。

　この答申では，新学習指導要領 [44-47] の趣旨と STEAM 教育の方向性は一致しており，内容は高等学校教育での「総合的な探究の時間」に STEAM 教育の内容を入れるべきであるとの方向性が示された。また，この答申の中で，新時代に対応した高等学校教育の在り方について，STEAM 教育等の教科等横断的な学習の推進による資質・能力の育成が示された。ここで，日本の学校教育における STEAM 教育の A の定義がされた。それは「STEAM の A の範囲を芸術，文化のみならず，生活，経済，法律，政治，倫理等を含めた広い範囲で定義し推進することが重要」である。この定義に従えば，STEAM 教育には全ての教科が含まれることになり，各教科の担当者にとっての差別感はなくなるであろう。また，教科間の差別感がない教育制度を提案した提案者にとってもちょうどよい落とし所かもしれない。しかし，この定義は芸術，文化の

126

STEAM への役割と，生活，経済，法律，政治，倫理等の STEAM への役割を同等と捉えている。

図表12-1.「令和の日本型学校教育」に向けた答申（図表7-5から）[35]

◎経済産業省の取り組み：「未来の教室」の実践
◎教員養成大学の中心：フラッグシップ大学とSTEAM教育
◎新学習指導要領の趣旨とSTEAM教育の方向性は一致し，「総合的な探究の時間」にSTEAMの内容をいれるべきで，「理数探究」とも関連するとの方向性が示された。
「令和の日本型学校教育」の構築を目指して　〜全ての子供たちの可能性を引き出す，個別最適な学びと，協働的な学びの実現〜（答申）
【以下答申の概要の一部】令和３年１月２６日　中央教育審議会

> 3. 新時代に対応した高等学校教育等の在り方について
> (4) STEAM教育等の教科横断的な学習の推進による資質・能力の育成
> ・STEAMのAの範囲を芸術，文化のみならず，生活，経済，法律，政治，倫理等を含めた広い範囲で定義し推進することが重要
> ・文理の枠を超えて教科等横断的な視点に立って進めることが重要
> ・小中学校での教科横断的な学習や探究的な学習等を充実
> ・高等学校においては総合的な探究の時間や理数探究を中心としてSTEAM教育に取り組むとともに，教科等横断的な視点で教育課程を編成し，地域や関係機関と連携・協働しつつ，生徒や地域の実態にあった探究学習を充実

　教科の階層性について第11章の図表11-7（第６章の図表6-10）に示したように，芸術と文化の根幹にあるのは，感性的情緒的要素であり，これは全ての学問分野（教科）の根幹でもある。したがって，生活，経済，法律，政治，倫理等は感性的要素を持っていることになる。ただ，これらの学問分野（教科）では，顕在化していないかもしれないが，その基の構成要素には感性的要素がある。
　文部科学省の答申[35]のように，「芸術，文化の STEAM への役割と，生活，経済，法律，政治，倫理等の STEAM への役割を同等」と捉えているのは，学問分野（教科）の階層性で捉えずに，単にMultidisciplinary Integration（図表12-2），Interdisciplinary Integration（図表12-3）に近い見方をしているからであろう [16, 31, 37]。これらの見方で

教科間の関係を捉えると，各学問分野（教科）は同等と見なされることになる。階層性は反映されていない。

図表12-2．Multidisciplinary Integration（多分野的統合，図表8-2から）

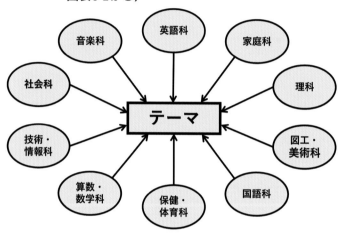

図表12-3．Interdisciplinary Integration（分野連携的統合，図表8-3から）

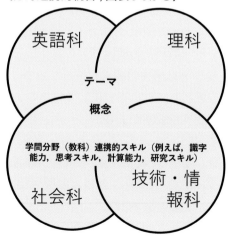

Multidisciplinary Integration（図表12-2）は，各学問分野（教科）からあるテーマに関する概念や見方等を出して解釈したり用いたりするので，それらを全てまとめるといろいろな考え方が見えてくるであろう。しかし，学問分野（教科）の深いつながりや階層性については見えにくい。Interdisciplinary Integration（図表12-3）では，概念，方法，テーマについて学問分野（教科）の間で共有されるが，階層性についての関係はよく分析しないと見えにくい。

図表12-4．Transdisciplinary Integration（超分野的統合，図表8-5から）

教科領域

テーマ
概念
生活スキル
現実世界の文脈
児童生徒の課題

さらに，Transdisciplinary Integration（図表12-4）では，授業や成果の内容が，必ずしも特定の学問分野（教科）に当てはまらず，あるいはすべてを包含して，超えることが，この統合の意味であるので，階層性を確認できない。したがって，これら3種類の統合方法では，芸術や文化の根幹にある感性的要素は必ずしも顕在化できないこともあり得る。

12-2. 学問分野（教科）の階層性を意識したSTEAMへの統合

図表12-5に各学問分野（教科）の階層性と統合についての概念図を示す。

すでに何度か示したように学問分野（教科）には階層性がある。ここで，3階の算数・数学，4階の理科，5階の技術科，家庭科，保健・体育科での統合が行われればSTEMやSTEAMであると見てよいだろう。ただし，STEAMと認識できるには技術科，家庭科，保健・体育科では

感性的要素が顕在化して表現される方がよい。その要素が明らかとなることで，これらの学問分野（教科）または統合によって Arts の要素が存在することが分かり，STEAM が明確化される。

　この最下層から3，4，5階層の統合は，方向性にかかわらず STEM と言える。これは図表12-5の α に相当する。

図表12-5. 学問分野（教科）の階層性と STEAM 教育との関係

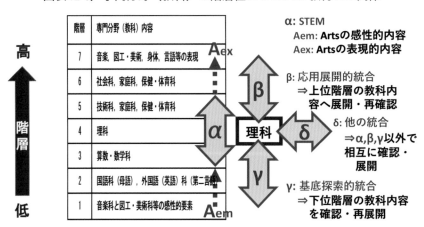

　ここで Arts の要素は，感性・情緒から発する Aem（Arts from emotion，感性的 Arts）[48] と表現に向かう Aex（Arts to expression，表現的 Arts）[48] から成ると考える。したがって，STEAM は Aem から α を突き抜け Aex に向かう統合の流れで構成されることになる。以上から STEAM の成果は Aem ＋ α ＋ Aex と表現できる。ただし，Aem は Aex に対する外部の反応によって常に醸成されているであろう。

　また，例えば理科から上の階層へ向かう統合は，応用展開的統合であり β で示す。理科から下の階層へ向かう統合は，基底探索的統合であり γ で示す。これらはすべて統合の形であり，学問分野（教科）階層性の最上と最下を除く全ての層で β と γ は設定できる。STEAM はその統合の中に分類される。α，β，γ がすべて包含されれば当然 STEAM 教育になる。

　ところが，最下層にある１階の Aem は顕在化しにくいので，確認が
むずかしい。Aem の効果で，αの多様性を見出すことが間接的な確認
になるであろう。他方，Aex は表現であるので STEAM 教育の成果や発
表，作品提示などから確認しやすい。つまり，上層にあるほど Aex が
表れやすい。社会科などは教科の上層にあるので，下層の要素である
STEM の内容と最上層の Aex とつなげれば STEAM 教育であると言いや
すいが，感性的要素 Aem から離れるため多様性の確認はどのようにな
るだろう。社会科の授業で，果たして個々の感性的な要素を発揮する
ことができるであろうか。五感を使った授業は Aem を引き出すだろうが，
社会科はそこから大きく離れた教科内容になっていないだろうか。

　社会科は本基盤型の科目であり，五感を利用することは少ない。Aem
を発揮するには，体験基盤型の科目が必要である。ただし，社会科で
あっても体験的な要素をもつ授業や教材は Aem を発揮させることに役
立つであろう。

　ここで，Arts について再度考察すると，図表12-6のように示すこ
とができる。STEAM の成果は Aem ＋ α ＋ Aex と表せるが，α は
STEM のことであり，Aem と Aex は芸術に関する要素である。これら
は STEAM による芸術的成果であるが，Aem が発揮されることによる
STEM の内容の展開に生かされ，Aex として創造的な形を表現する。こ
れは STEAM 教育の A を成果として捉えた側面を表している。一方，
Arts については①芸術とする見方以外に，② Liberal Arts とする見方が
ある。①については Arts を STEAM 教育の成果としている。②につい
ては統合方法と捉えることができる。Liberal Arts は自由な発想を生み出
すことに関わり，教養や一般教育という見方もされている。これについ
ては，純粋に一般教養的な学部：すべての学問分野（Discipline）を均
等に学ぶことも意味する（第３章）。

図表12-6. STEAM 教育における Arts と Liberal Arts との関係

```
・STEAMの成果 ：    α＋①　または　α＋②
・   α        ：   STEMのこと
・Artsの側面   ：   ①成果（Aem＋Aex）　または
                 ②統合方法（Liberal Arts）
```

　つまり，特定の学問分野（教科）に限定されているわけではない。む
しろ，専門の学問分野（教科）と関係のない様々な分野等が，専門の学
問分野（教科）に関わるという方法を重視している。Liberal Arts を構成
する学問分野（教科）の内容を強調せず，それらの関係を深めるための
方法となっている。

　図表12-6で理科と他の教科との階層的つながりに関係する統合につ
いて，そして STEAM 教育について論じた。
　図表12-7では他の教科の統合における階層性との関係について示す。

図表12-7. 階層毎の統合と STEAM 教育

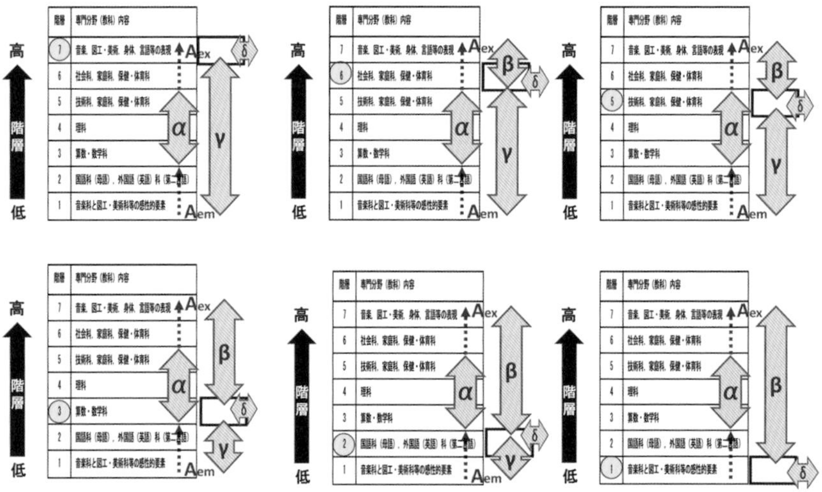

たとえば，最上層の音楽等の表現ではそれより上層のβはないが，下層の統合につながるγがあり，他の統合要素であるδも考えられる。最下層の感性的要素にはγはないが，上層との統合につながるβとこれら以外のδもある。階層ではβ，γ，δが統合の方向性として可能である。さらに，3，4，5の領域に関わるか通過すると，A を Liberal Arts とする考え方では，それらの統合はすべて STEAM ということになる。つまり，α と Liberal Arts に該当するα以外の学問分野（教科）が統合されれば，すべて STEAM 教育ということになる。ただし，これは Liberal Arts という統合方法を用いたからである。

12-3. アイスナーの認知的能力

この意義についてはアイスナーの考え方が基本になる。それは，「芸術は人間の関与するすべての領域を超越するスキルと思考過程を集めたものである。教育の全側面で学ぶ人のためになる認知的な能力（コンピテンシー）を発展させ，21世紀に求められる能力に備えることができる」。アイスナーが特定した8つの認知的能力は次の8つである（図表12-8）。

図表12-8. アイスナーによる，芸術が発展させる8つの認知的能力 [12]

No.	項目	内容説明
(1)	関係性の認識	音楽，言語，美術，などの芸術で作品を創ることで構成要素間の影響と関係性を認識できる。
(2)	微妙な意味の違いの認識	芸術が小さな違いによって大きな効果を生み出せることを認識する。大量の視覚的推論は微妙な意味の違い，形と色の決定に関わり，芸術作品を満足いくものにする。言語で，ほのめかし，風刺，メタファーの使用に必要。科学者が抽象的概念を科学者以外に説明する際に有用。

(3)	課題には多様な解決，質問には多様な答えがあることの認識	最も困難な解決策に必要なのは，優位性の異なる多様な解決の選択肢を考察し，選択肢毎に結果のリスクが異なることを認識すること。
(4)	途中で目的を変える能力	芸術は初めに考えなかった目的を認識し追求させ，途中で目的を変えてよいと教えてくれる。
(5)	規則にない決断を許容する	計算には規則と測定可能な結果があるが，他の多くのことは規則に支配されないことが多い。規則がない中で，ものごとの正否，成功不成功を決めるのは自分。
(6)	内容の情報源に想像力を使う	芸術は，状況の視覚化能力，計画行動の適切性を測る心の目をうまく使えるようにする。
(7)	抑制の中での活動を容認する	言語，数的，視角，聴覚のそれぞれがすべての目的を果たす仕組は存在しないが，芸術はどれかを抑制し，活用する方法を考案する機会を与える。
(8)	美学的視点から世界を見られる	芸術は斬新な方法で世界をデザインし組み立てる助けとなる。

以上の認識的能力と Aem と Aex との関係を考えよう。

(1) 関係性を認識⇒これは Aem の視覚的な感性に直接関係する。ある物体と別の物体の位置，大きさの比，形の違いなどを認識することで，ある別なものが現れたらそれとの違いを認識する。物体の位置関係により調和感を得ることもあるだろう。これに関連して，三角形の形状には縦と横との長さの比率がこの調和感を与えるらしいことが分っている。これは，黄金比といわれるものである。多くの著名な絵画に描かれた形状を調べると，この黄金比に合致しているものが見つかることが多い。この黄金比に合致する形体が人を感動させると認識するとそれを表現する傾向を生み出

すだろう。これは Aex に当てはまる。

(2)　微妙な意味の違いの認識⇒言葉，形，色などに関する微妙な意味の違いを感じ取るのは Aem であり，その認識があるからこそ表現できる。それが，Aex である。

(3)　多様な解決と多様な答え⇒１つの課題に対しても Aem が働いて多様な捉え方があり，それを解決や答えとして表現するにしても，多様な Aex が働くと考えられる。⇔学校現場では単一解答を出すことに焦点化されることが多い。

(4)　途中で目的を変える能力⇒課題解決にしても，芸術から生まれる柔軟な思考は当初の目的よりもさらに自分の価値観に近い目的が見つかると，そちらに方向性を変える。たとえば色の組合せを考えて，色づけをしているうち新たな配色が表れて，別の方向へ配色を変更することが自分の感性（Aem）に合致していると気づくと，別の目的を目指す。そして，そちらの表現を行う（Aex）。

(5)　規則にない決断を許容する⇒感性（Aem）が主導する感覚的な決断と表現（Aex）をすることが可能である。

(6)　内容の情報源に想像力を使う⇒状況の視覚化能力は Aem であり，計画行動の適切性を測る心の目は Aex が働く。

(7)　抑制の中での活動を容認する⇒言語，数的，視角，聴覚全てがそれぞれの目的を果たすことはむずかしいが，その中で特定の感性（Aem）を抑えたうえで別の感性を強調する表現（Aex）は可能である。

(8)　美学的視点から世界を見る⇒芸術は斬新な方法（Aem）で世界をデザインし組み立てる（Aex）助けとなる。たとえば，ゴールデンゲートブリッジをデザインや詩的な角度から見る。

12-4. ガードナーの多重知能（多面的知性）

　ガードナーの多重知能（多面的知性）は従来の論理と数学，口頭での言語による認知的能力以外に，音楽的，視覚的空間的，身体的運動的

感覚の重要性が新しい表現につながることを提案している。これらは Aem と Aex から構成される（図表12-9）。

図表12-9. ガードナーの多重知能（多面的知性）[12]

知性の区分	知性の概要
音楽的/リズム的	雰囲気を表現するリズムを創作し，感じることができる。音楽的テーマを検出し分析できる。
論理的/数学的	理由づけ，論理的思考，数学的な問題解決に優れている。
視覚的/空間的	視覚的なイメージを創作し解釈する3次元的に思考することが容易である。
身体的/運動感覚的	身体的に物事を感じ表現し，手を使った作業をすることを楽しむ。
口頭	言語を使ってアイデアと感情を表現することが上手で，他人を納得させる。
個人間（人との間）	他人の要求，感情，意図を理解する。
個人内（個人の中）	自分自身の考えと感情を明確に理解する。
博物学者	自然を理解し，自然が作用する方法のパターンを見る

 ## 第12章　まとめ

1．日本の学校教育における STEAM 教育の A が「STEAM の A の範囲を芸術，文化のみならず，生活，経済，法律，政治，倫理等を含めた広い範囲で定義し推進することが重要」とされた。

2．この定義は，STEAM 教育の A は全ての教科を含み，芸術，文化の STEAM への役割と，生活，経済，法律，政治，倫理等の STEAM への役割を同等と捉えている。

3．A における芸術の重要性が薄められ，学問分野（教科）の役割と階層性等を考慮した STEAM 教育の捉え方に誤った方向付けがなされているとも解釈できる。

4．学問分野（教科）の階層性のうち，芸術等の感性的要素
（Aem）と表現的要素（Aex）を促進するような教科間の
関係性を考慮したSTEAM教育が求められる。

5．アイスナーが提案した芸術により促進される8つの認知的
能力，ガードナーが提案した多重知能についての育成も具
体的に行われるべきだろう。

第13章

総合的な学習，総合的な探究，資質・能力

13-1. 総合的な学習の時間と総合的な探究の時間の概略 [44-46]

新しい学習指導要領の中で小中学校の「総合的な学習の時間」と高等学校の「総合的な探究の時間」の内容が発表された。その目標について図表13-1に示す。

総合的な学習の時間，および総合的な探究の時間の目標は，小中学

図表13-1．総合的な学習，総合的な探究の時間の目標と内容概略

学校種	総合的な学習の目標	学校ごとの目標提示と取り組む内容
小中学校	(1)探求的な学習過程から知識技能，概念形成，探求学習の良さを理解する。 (2)実社会，実生活から課題発見，情報の整理分析，まとめ，表現する。 (3)主体的・協働的に取り組み，互いの良さを生かし社会参画の態度を養う。	(1)目標とする資質能力の提示。 (2)他教科等で育成を目指す資質能力との関連重視。 (3)日常生活，社会とのかかわりを重視。 (4)目標を実現するにふさわしい探求課題の解決で目指す具体的な資質能力を示す。 (5)目標を実現するにふさわしい探求課題の例：①現代的課題（国際理解，情報，環境，福祉・健康など）を横断的・総合的に；②地域学校の特色に合う課題（地域の人々の暮らし，伝統と文化）；③児童の興味・関心に基づく課題など。 (6)探求課題の解決の資質能力：①知識技能は他教科等と関連，社会で生きて働く；②思考力，判断力，表現力は探求的学習過程（情報収集,整理,分析,まとめ）で発揮，未知状況で活用可；③人間性は自分自身，他者社会に。 (7)教科等を越えた全学習基盤となる資質能力の育成活用。
高等学校	(1)探求的な学習過程から知識技能，概念形成，探求の意義や価値を理解。 (2) 小中学校と同じ (3)主体的・協働的に取り組み，互いの良さ生かし新たな価値創造,よりよい社会実現の態度養成。	上記とほぼ同様 ＊上下と左の下線部はSTEAM教育の内容と関連あり。

校，高等学校ともに３点から成る。(1)探究的な学習過程という手順を経て，知識・技能，概念形成，探究学習への興味を深めること（高等学校ではこれに加え探究の意義と価値を理解）。(2)実社会，実生活からの課題発見，情報整理・分析とまとめ・表現。(3)主体的・協働的な取り組みの手順を経て社会参画の態度を養う（高等学校ではこれに加え新たな価値創造とよりよい社会実現の態度養成）。

13-2. 総合的な学習の時間の授業時間比較

総合的な学習の時間と総合的な探究の時間の授業時間数と小中学校での授業時間を図表13-2と図表13-3に示す。

小学校の総合的な学習の時間は，３年生から６年生まで年間70時間であり，中学校では１年生が50時間，２，３年生が70時間となってい

図表13-2. 総合的な学習，総合的な探究の時間の目標と内容概略 [44]

小学校の授業時数（1授業時数＝45分）小学校学習指導要領解説, p.151							
区分		第1学年	第2学年	第3学年	第4学年	第5学年	第6学年
各教科の授業時数	国語	306	315	245	245	175	175
	社会			70	90	100	105
	算数	136	175	175	175	175	175
	理科			90	105	105	105
	生活	102	105				
	音楽	68	70	60	60	50	50
	図画工作	68	70	60	60	50	50
	家庭					60	55
	体育	102	105	105	105	90	90
	外国語					70	70
特別の教科である道徳の授業時数		34	35	35	35	35	35
外国語活動の授業時数				35	35		
総合的な学習の時間の授業時数				70	70	70	70
特別活動の授業時数		34	35	35	35	35	35
総授業時数		850	910	980	1015	1015	1015

図表13-3. 総合的な学習の時間の授業時間数（中学校）[45]

中学校の授業時数（1授業時数＝50分）中学校学習指導要領解説, p.148				
区分		第1学年	第2学年	第3学年
各教科の授業時数	国語	140	140	105
	社会	105	105	140
	数学	140	105	140
	理科	105	140	140
	音楽	45	35	35
	美術	45	35	35
	保健体育	105	105	105
	技術・家庭	70	70	35
	外国語	140	140	140
特別の教科である道徳の授業時数		35	35	35
総合的な学習の時間の授業時数		50	70	70
特別活動の授業時数		35	35	35
総授業時数		1015	1015	1015

る。これらは年間全授業時間数のうち，小学校３年生7.1％，４年生から６年生は6.9％，中学校１年生4.9％，２，３年生は6.9％である。これら総合的な学習の時間は小学校の３，４年生では音楽と図工の合計時間数の58％，５，６年生では70％に相当する。中学校の１年生では音楽と美術の合計時間数の56％，２，３年生では100％に相当する。総合的な学習の時間は一定程度（２，３年生で70時間）確保されているが，芸術系の授業時間が高学年ほど減っている。

13-3. 総合的な探究の時間の授業時間

次に高等学校の総合的な探究の時間の授業時間を図表13-4に示す。

授業時間は35時間（50分が１時間に相当）を１単位として，３〜６単位が認定される。１年35時間に達しない場合には複数年の授業時間合計から単位認定を可能とするなど，柔軟な単位数が設定されている。

図表13-4．総合的な探究の学習の時間の授業時間数[46]

高等学校の総合的な探究の時間
（2018年度告示，2022年度から年次進行で実施）
（「総合的な学習」から変更）
単位換算と授業時数（1授業時数＝50分）

単位の認定基準と方法	・生徒が学校の指導計画に従って履修し，成果が満足できると判断できる場合，単位認定しなければならない。⇒　学校は①「総合的な探究の時間」の目標を踏まえ，②生徒の学習状況に対し，③満足できる成果があったかどうかを適切に判断する責任がある。 ・単位認定方式例：担当者の単位認定会議で検討後，校長が単位認定。 ・成績評価通知の例：学期毎の通知表で評価結果を文章で通知など。
単位数計算	・単位計算法：35時間で1単位。 ・認定単位数（標準）：3～6単位。 ・学期毎の単位認定可。 ・2年以上の学習活動の場合，年度毎の単位認定可。 ・1年35時間に達しない場合，複数年の授業時間合計から単位認定可。

高等学校学習指導要領（平成30年告示）解説　総合的な探究の時間編，pp. 136–137.

13-4. 総合的な学習の時間と総合的な探究の時間における学習の在り方

　総合的な学習の時間と総合的な探究の時間における学習の在り方について，図表13-1からの抽出を用いてもう少し考察しよう（図表13-5）。

図表13-5．総合的な学習の時間と総合的な探究の時間の学習の在り方

目標	小中学校	高等学校
1. 学習の在り方（手段）	(1) 探究的な見方・考え方を働かせる。 (2) 横断的・総合的な学習を行う。 (3) よりよく**課題を解決し**，自己の生き方を考えていく。	(1) 探究的な見方・考え方を働かせる。 (2) 横断的・総合的な学習を行う。 (3) **自己の在り方生き方**を考えながら，よりよく**課題を発見し解決していく。**

　これは目標のうち，学習の在り方（手段に位置付けられる）を示している。そのうち，(1)探究的な見方・考え方を働かせること，(2)横断的・総合的な学習を行うことは，小中学校と高等学校で共通している。

⑶に関しては，小中学校では課題を解決して，自己の生き方を考えていくことであり，高等学校では，小中学校での内容に加え課題を発見することが強調されている。

13-5. 総合的な学習の時間と総合的な探究の時間で育成する資質能力

次に，育成する資質能力について示す（図表13-6）。これらは総合的な学習の時間，総合的な探究の時間でのカリキュラムによって得るべき全般的な成果に関わるものである。

これらの内容は図表13-1の左側の列に関わる内容である。⑴探究的な見方・考え方を働かせること，⑵横断的・総合的な学習を行うことは，小中学校と高等学校で共通している。⑶学びに向かう力，人間性等から成る。

図表13-6. 総合的な学習の時間と総合的な探究の時間で育成する資質・能力 [44-46]

目標	小中学校	高等学校
2. 育成する資・質能力（成果）	**(1)知識及び技能**：探求的な学習過程において，①課題解決に必要な知識及び技能を身に付け，②課題に関わる概念を形成し，探求的な学習のよさを理解する。 **(2)思考力, 判断力, 表現力等**：①実社会，実生活の中から問いを見いだし，②自分で課題を立て，③情報を集め，④整理・分析して，⑤まとめ・表現することができる。 **(3)学びに向かう力，人間性等**：①探究的な学習に主体的・協働的に取り組むとともに，②互いのよさを生かしながら，③積極的に社会に参画しようとする態度を養う。	**(1)知識及び技能**：探求的な学習過程で，①課題発見と解決に必要な知識技能を身につけ，②課題に関わる概念形成し，③探求の意義や価値を理解する。 **(2)思考力, 判断力, 表現力等**：①実社会，実生活と自己との関わりから問いを見いだし，②自分で課題を立て，③情報を集め，④整理・分析し，⑤まとめ・表現することができる。 **(3)学びに向かう力，人間性等**：①探究的に主体的・協働的に取り組むとともに，②互いのよさを生かしながら，③新たな価値を創造し，④よりよい社会を実現使用とするの態度養成。

13-6. 総合的な学習の時間と総合的な探究の目標提示と取り組む内容

　先に示した総合的な学習の時間と総合的な探究の時間の全体的な目標に加え，学校毎の目標の提示が求められている（図表13-7）。(1)目標は，児童生徒が育成すべき資質能力として示す。(2)他教科等で育成を目指す資質能力との関連，(3)日常生活，社会とのかかわりを重視することが求められている。(4)以上の背景のもとで，探究課題を解決する中でどのような資質能力が求められるかを示す。

図表13-7. 総合的な学習の時間と総合的な探究の時間で提示する目標 [44-46]

> **(1)目標とする資質能力の提示。**
> **(2)他教科等で育成を目指す資質能力との関連重視。**
> **(3)日常生活，社会とのかかわりを重視。**
> **(4)目標を実現するにふさわしい探求課題の解決で目指す具体的な資質能力を示す。**
> **(5)目標を実現するにふさわしい探求課題の例：**
> **①現代的課題（国際理解，情報，環境，福祉・健康など）を横断的・総合的に；②地域学校の特色に合う課題（地域の人々の暮らし，伝統と文化）；③児童の興味・関心に基づく課題など。**
> **(6)探求課題の解決の資質能力：**
> **①知識技能は他教科等と関連，社会で生きて働く；②思考力，判断力，表現力は探求的学習過程（情報収集,整理,分析,まとめ）で発揮，未知状況で活用可；③人間性は自分自身，他者社会と。**
> **(7)教科等を越えた全学習基盤となる資質能力の育成活用。**

　(5)目標である資質能力を実現するための探究課題を提示する必要があり，その例として①〜③が示されている。(6)探究課題の解決の資質能力であり，すでに図表13-6で示した内容が該当する。(7)教科等を超えた全学習基盤となる資質能力の育成活用である。

　これには言語能力，数値データの扱い，プログラミング的能力も含まれるが，後の章で述べる。

13-7. 総合的な学習の時間と総合的な探究の時間とSTEAM 教育との関連

　STEM 教育，Arts，STEAM 教育との関連についてはすでに第9章で示した。このことを基礎に総合的な学習の時間と総合的な探究の時間との関連で以下のような概念図を示す（図表13-8）。

図表13-8. 総合的な学習の時間と総合的な探究の時間と STEAM 教育との関係 [39]

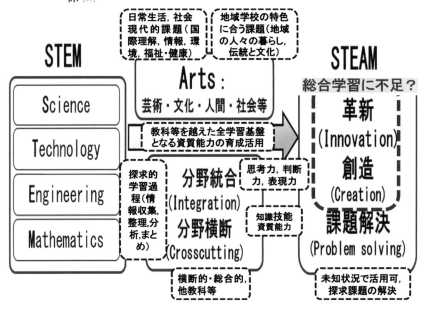

　この図表は図表9-1を基盤にして書かれている。図表9-1は，S，T，E，M 各分野の要素が統合されて STEM になり，それが分野統合と分野横断の条件でさらに Arts と統合して STEAM に成ることを表している。ここで，STEAM の成果として革新，創造，課題解決を入れた。この仕組の各箇所に，総合的な学習の時間と総合的な探究の時間で求められている学習過程，資質能力，学習成果等を当てはめた。

　STEM の統合には「探究的学習過程（情報収集，整理，分析，まと

め）」を当てはめた。ここでは数値的な情報収集と情報間の比較と分析を行ってまとめる。その対象が自然現象とは限らないが，STEM の各学問分野（教科）で行う方法を用いる。Arts には，「日常生活，社会の現代的課題（国際理解，情報，環境，福祉・健康）」，「地域学校の特色に合う課題（地域の人々の暮らし，伝統と文化）」を当てはめた。これらは明らかに STEM とは異なる学問分野（教科）に該当するので，Liberal Arts（A）の観点からはここが適切である。

　分野統合と分野横断という手段には「横断的・総合的，他教科等」を，最後の STEAM の成果には「未知状況で活用可，探究課題の解決」を入れた。分野統合と分野横断と，STEAM の成果の両方に関わる内容として，「思考力，判断力，表現力」と「知識技能，資質能力」を入れた。これらの要素は STEAM の成果ともとれるが，成果を上げるための力であり，手段でもある。

　STEM を Arts と統合させて STEAM にする手段（矢印の箇所）には，「教科等を超えた全学習基盤となる資質能力の育成活用」を入れた。これは Liberal Arts 的要素も含むが手段として評価した。

　しかし，ここで総合的な学習の時間と総合的な探究の時間では不足しがちな箇所は，「創造」に関わる内容である。学校教育におけるこれらの授業時間はすべての教科内容と資質能力から成ると捉えられるかもしれないが，創造性と個性の根幹にある芸術的な要素 Aem と Aex はどのように育成されるのであろうか。そのため，創造性と革新性を生み出せるかについては不明である（第14章でも述べる）。

13-8. 総合的な学習の時間と総合的な探究の時間と統合方法，統合水準，成果水準

　次に，総合的な学習の時間と総合的な探究の時間と統合方法，統合水準，成果水準の図に当てはめた（図表13-9）。

図表13-9. 総合的な学習の時間と総合的な探究の時間での A．統合方法，B．統合水準，C．成果水準 [34]

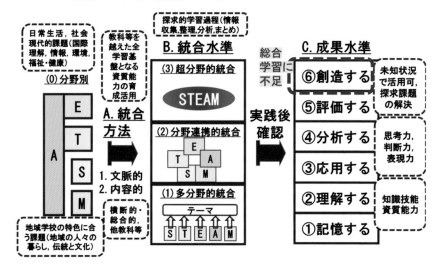

　STEAM を構成する各学問分野（教科）に該当するのは，「日常生活，社会の現代的課題（国際理解，情報，環境，福祉・健康）」，「地域学校の特色に合う課題（地域の人々の暮らし，伝統と文化）」である。

　A.統合方法の１．文脈統合に当てはまるのは，「教科等を超えた全学習基盤となる資質能力の育成活用」である。２．内容統合に当てはまるのは，「横断的・総合的，他教科等」である。

　B.統合水準と関係するのは，「探究的学習過程（情報収集，整理，分析，まとめ）」である。これは学問分野（教科）の内容による情報の分類整理と分析とまとめに関わり，各学問分野（教科）の内容の関係性の深まりとも関係するからである。「まとめ」とは統合を意味する側面もある。

　C.成果水準において，①記憶する～④分析するという４つの領域には，「知識技能，資質能力」が該当するだろう。⑤評価するには，「思考力，判断力，表現力」が，⑥創造するには「未知状況で活用可，探究課題の解決」が該当し，「表現力」については⑥に該当する内容もあるだろう。

　ただし, 総合的な学習の時間と総合的な探究の時間では, どのように⑥創造する段階に到達するか不明な点がある。基本的に「表現力」という言葉で示しているようにも捉えられるが, 創造力, 独創性, 革新性に結びつく表現力の基本的な力とそれを具体的に育成する道筋が書かれていない。辛うじて, 総合的な探究の時間には「価値創造」という言葉が見られるが, これを養う具体的道筋が見えない。つまり, 創造性と個性の根幹にある芸術的な要素 Aem と Aex はどのように育成されるのであろうか。そのため, 創造性と革新性を生み出せるかについては不明である。

　したがって, 従来の総合的な学習の時間と総合的な探究の時間の原則的な取り組みに加えて, 創造性を養うための根幹である Aem と Aex の導入を工夫して真の STEAM 教育に結びつける必要があるだろう。

第13章　まとめ

1. 新規学習指導要領で, 高等学校の「総合的な探究の時間」と小中学校の「総合的な学習の時間」が提案され, それには STEAM 的な要素が含まれるとされた。

2. 目標の学習の在り方（手段）として, (1)探究的な見方・考え方を働かせる；(2)横断的・総合的な学習を行う；(3)よりよく課題を解決し, 自己の生き方を考えていく（高校では(3)自己の在り方生き方を考えながら, よりよく課題を発見し解決していく）が提案された。

3. 目標の資質・能力（成果）として, (1)知識及び技能；(2)思考力, 判断力, 表現力等；(3)学びに向かう力, 人間力等が提案された。

4. 総合的な学習の時間, 総合的な探究の時間と STEAM 教育の関係は, STEM と A の内容が何であるか, それらの統合の方法, 水準, 成果について考えると把握しやすい。

5. 総合的な学習の時間と総合的な探究の時間の原則的な取

り組みに加えて，創造性を養うための根幹である Aem と
Aex の導入を工夫して真の STEAM 教育に結びつける必要
があるだろう。

第14章

探究の学習過程

14-1. 総合的な学習の時間と総合的な探究の時間における探究の学習過程

　総合的な学習の時間と総合的な探究の時間で使用するとされる探究のプロセスに関する概念図が，学習指導要領解説に書かれている。

　探究の学習過程の位置づけについては，目標の箇所で「探究的な学習過程から知識技能，概念形成，探究学習の良さを理解する」と書かれている。その探究の学習過程の概念を図表14-1に示す[44-46]。

図表14-1．総合的な学習の時間と総合的な探究の時間における探究の学習過程

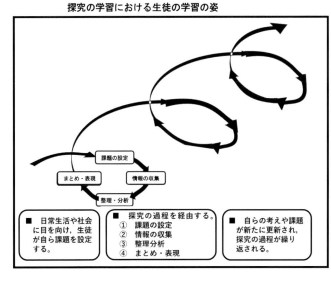

探究の学習における生徒の学習の姿

・左図は，高等学校学習指導要領（平成30年告示）解説　総合的な探究の時間編p.12にある「探究における生徒の学習の姿」を模して作成[46]。
・小学校では「探究的な学習おける児童の学習の姿」[44]；中学校では「探究的な学習おける生徒の学習の姿」[45]と標記されているが，小中高等学校の図の内容は同一。

- 課題の設定
- まとめ・表現
- 情報の収集
- 整理・分析

■ 日常生活や社会に目を向け，生徒が自ら課題を設定する。

探究の過程を経由する。
① 課題の設定
② 情報の収集
③ 整理分析
④ まとめ・表現

■ 自らの考えや課題が新たに更新され，探究の過程が繰り返される。

この中で探究の過程は，①課題の設定，②情報収集，③整理・分析，④まとめ・表現の４段階で構成されている。この初段階に当たる課題設定における課題の内容は，日常生活や社会に目を向け，生徒が自ら設定することとなっている。これら４つの段階を経た後に，自らの考えや課題が新たに更新されることで，①〜④の過程が繰り返されることが示されている。その過程の繰り返しを螺旋状に書いていると思われる。ただし，この図でわかりにくいのは，最初の課題が明らかに上から投じられ，螺旋は下に進むように見えるが，次の螺旋は下から突き上がるように見える。これは，螺旋の進行方向が最初は下向きで（右巻き），後は上向き（左巻き）になることも可能であることを表しているのであろうか？（ここで扱う平成29〜30年告示の学習指導要領解説の図は，前回のものと少し異なる）ここで，探究の意味は「問題解決的な学習を発展的に繰り返すこと」となっている。図表14-2にこの探究の過程の一回分のサイクルを示す。

図表14-2. 探究の学習過程

　探究（inquiry）：「問題解決的な学習を発展的に繰り返す」。
　小中学校では「探究的な見方・考え方を働かせる」。
　高等学校では「探究の見方・考え方を働かせる」。

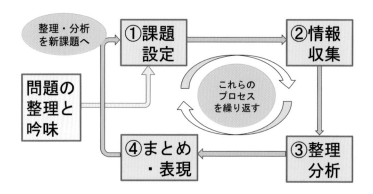

　探究の扱いについて，小中学校では「探究的な見方・考え方を働かせること」。

　高等学校では「探究の見方・考え方を働かせる」となっている。それ
では段階毎にその詳細を考えていこう。

14-2. 探究の学習過程の課題設定

　課題設定について図表14-3に示す。

図表14-3. 探究の学習過程の課題設定について

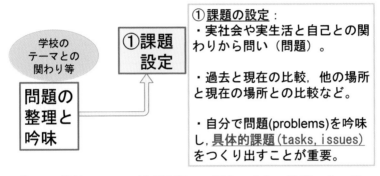

（例）・学校のテーマが「渦潮」：歴史，文化，地理，力，発
生する時間帯，季節，水の流れ，魚，食品　etc.
　・家業は漁業，観光業，タクシー運転手，農業，好きな魚は鯛，
小学校に入学したばかりに渦潮を見て感動したetc.
　・自分に一番身近な課題は「渦潮と鯛のおいしさの関係」

　課題設定については，まず，実社会と実生活と自己との関わりから問
いを発することが求められる。その際にいろいろな取り組み方がありえ
るだろうが，たとえば，過去と現在の比較など時間的な視点，他の場所
と今住んでいる場所との比較など空間的な視点なども，課題設定には役
立つかもしれない。また，自分で問題を吟味して具体的なものに改善す
ることが重要である。

　以下に課題設定をさせる際の具体的な取り組みの例を示す（図表14-
4）。

図表14-4. 探究の学習過程の課題設定について

○学校のテーマを提示し，内容と目的を説明する。
○調べ方の例を提示：図書館で本を調べる。インターネット
で検索（信頼性のあるサイト）。役場や関連施設での調査等。
・自分の生活や身の回りの出来事，環境との関係など。
・過去と現在の比較，他の場所と現在の場所との比較など。
・興味を持ったことを書かせる。
○情報を集めて問題を吟味する。
・集めた情報を箇条書きにして，整理する。
・情報を図示する。絵に描く。
・「問い」を書く⇒　課題設定に直接つながる
closed-ended question でもopen-ended questionでもよい。
「〜は-より大きい？」，「いつから？」，「どのようにすれ
ば？」----など。
○課題を文で書く。

　まず，教師としては学校のテーマを示して，内容と目的等を説明した
後，調べ方を提示してその注意内容を説明することが必要である。たと
えばインターネット上での検索でも信頼性のあるサイトを利用するこ
と，さらに，そのサイトで引用がなされているかを確認させる。また，
図書館の本の検索も勧める。役場や博物館とその関連施設での検索も例
として挙げる。検索先での調べる際の視点については図表14-4で示し
た。次に，集めた情報を整理することで問題を吟味して具体化する。た
とえば箇条書きにするなどして整理させる。全体の構図を絵に描かせて
捉え直すなどの試みを行わせる。そして，課題を問いの型式で書かせる
試みを行う。この際の問いとしては，予想される回答のこともあるが，
closed-ended question の型式も open-ended question の型式も可とする方が
児童生徒の自主性を認めたことになるだろう。

14-3. 探究の学習過程の情報収集

　具体的な課題設定を行ったら，課題設定の際に用いた情報収集の手
法，あるいはそれ以外の手法や検索元を用いて，課題に特化した情報収
集を行う（図表14-5）。

図表14-5．探究の学習過程の情報収集について

> ①課題設定 → ②情報収集
>
> ○課題に焦点化して情報収集：情報活用能力。何が役立つかを自分で判断。
> ○毎回データとして記録し，分類する。
> ○思いついたこと，考えたストーリーをメモする。実験ノート的な記録など。
> ⇒　新しい発想，STEAM的成果につながる。
>
> ○情報収集の過程で得るもの：「知識及び技能」「考えるための技法」を身に付ける。必要性で取捨選択。

　情報収集の際に注意すべきことは，毎回情報収集した内容をデータとして記録し分類していくことである。その際に，思いついたこと，考えついたストーリー（原因と結果の関係など）をメモすることが勧められる。これを例えると，いわば実験ノートをつけるような形を取ると自分の考えを整理でき，新しい着想を得るヒントが生まれる。これはSTEAM教育的な成果につながるであろう。つまり，拡散思考を促すことにつながる。以上のことを繰り返していくことで，情報収集の技能が高まり，自分なりの考える手法を身に付ける方向に進むと考えられる。

14-4．探究の学習過程の整理・分析

　整理・分析の具体的方法の提案を図表14-6に示す。

　得られた情報を分類してグループ化すると，概念の大枠が見やすく，不足した情報を際立たせることができることもある。そのグループ化の視点として，年代毎に情報の変化をまとめ，地域毎など空間的な視点で分類することもよい。得られた情報を分類し，結論と思われるものを短

図表14-6. 探究の学習過程の整理分析

○得られた情報を整理する方法
・分類しグループ化する。
・年代毎に情報の変化をまとめる。
・地域毎の情報を分類する。
・得られた情報の結論を短い言葉でメモ
し，そのメモを並べて分類する。
・数値的データがあればグラフにする。
○分析する（基本的に構成要素を見つけ，
その要素間の関係性を見つける）。
・調べた情報の条件を再度挙げる。
・その条件毎に違いを見つける。
・可能ならば「評価する」。

い言葉で表現し，メモ用紙に書いてそれを並べることで関係性を表現するなどの方法は整理に有効である。これに数値のデータを書くこともよいだろう。

　次に，分析する際には，基本的にデータの中にある共通の構成要素を見つけて，その要素間の関係性を見つける。調べた情報の条件（時間的空間的など）を書いて条件毎に並べた情報の違いと変化を見つける。可能ならば，評価し考察を行う。

14-5. 探究の学習過程のまとめ・表現

　最後にまとめと表現について示す（図表14-7）。

　まず，課題を明確に書くことから始めよう。その後，背景として学校のテーマとそれについて明らかになっていること，まだ分っていないことを書いた後に，課題を設定した理由を書く。調べた内容を項目別に分類して各項目の内容説明を書こう。数値データなどを使って比較検討した結果と結論を示した上で，新たな課題の方向性を提示する。尚，情報入手先や参考文献等を明確に書くことを勧めよう。表現の方法とし

図表14-7．探究の学習過程のまとめ・表現

○まとめの方法例
・課題名「　　　　　」を書く。
・学校のテーマで分かっていること，問題になっていること。
・課題を設定した理由。
・調べた内容を項目別に分類し，各項目の内容を簡潔に書く。
・比較したことや分かった，結論を書く。次の課題を提案。
・情報の入手先
○表現の方法例
・発表会で口頭で発表する。
・一枚のポスターにして発表する。
・Powerpointなどで発表する。
・課題によっては作品展示，演奏する。歌を披露するなど。

ては，パワーポイントでの口頭発表やポスター発表なども検討できる
だろう。課題によっては，作品展示，演奏，歌，詩や演説の暗唱，踊
りなど様々な表現が可能であろう。単なる社会科的な内容に収めるだ
けでなく，Aem の内発を促進することにより拡散思考を促していけば，
STEAM 教育の基底を強化できるであろう。このような発表は年度末に
行うだけでなく，年に何度か実施することで最初の探究過程の振り返り
と新しいテーマ設定のサイクルに入る。

14-6．探究の学習過程の流れの問題点とSTEAM教育

　探究の学習過程を身に付けることは非常に有用であり，わかりやすい
表現にもつながると考えられる。
　しかし，ここにもSTEAM 教育に求められる力が達成できない可能性
が見られる。まず，課題の内容で必ず社会と生活とのつながりが求めら
れることが原因である。社会と生活に関することであれば，その点で課
題の条件を満たしたことになる。しかし，それだけではどうしても内容

が限定される。そこにあるのは，結局，人間同士，人間が築いた社会的仕組と個人との関係などの課題である。自然との関係はどうだろうか。それから，言語以外の色，形，音，身体，あるいは味覚でどう捉え，それを表現するかはあまり問題にならない可能性がある。社会と人間との関係を扱う学問分野（教科）は社会科である。極端な評価をすると，「総合的な学習の時間」と「総合的な探究の時間」は社会科のテーマを求められているとも言える。いわば，「社会科化」，「社会科か？」である。それでは，なぜそれがSTEAMの要素を持つと言えるのだろうか。それは第12章でも述べた文部科学省のSTEAM教育への捉え方に起因している。

　文部科学省は，総合的な学習の時間と総合的な探究の時間にはSTEAM教育の要素が含まれているとした上で，STEAM教育におけるArtsの捉え方をLiberal Artsとしている。そのため，Artsには芸術と文化に限定せず社会科の内容を含むように求めている。ここで，学問分野（教科）の間の階層性について考えてみよう。そうすると，社会科は芸術等の表現の下ではあるが，他の学問分野（教科）の上部に位置しており，その中には，技術科，家庭科，保健体育科，理科，数学科，国語科，外国語科，さらには芸術の感性的要素の全てが含まれている。そのことから，社会科の中身を分析してその構成要素をたどっていくとこれらの学問分野（教科）に行き着く。すなわち，社会科そのものがArtsならば，社会科の内容を分析することで他の要素との統合を示しやすい。これを行えば，文部科学省のSTEAM教育の定義に当てはまることになる。これは比較的容易な学校現場の適応方法であろう。ところが，これではAemとAexの内容が見えにくい。

　この第14章で述べてきた探究学習の過程は，思考の習慣を身に付け，STEMの内容と特に社会科との連携（日常生活，社会，地域）を深める手順となる（図表14-8）。また，教科横断等の手順を踏むことが書かれているが，自由な発想（Aemに基づきAexで表現される）は具体的にどのように生み出されるのであろうか。そのため，総合的な学習の時間と総合的な探究の時間には，自由な発想から生まれる革新と創造が不足

図表14-8. 総合的な学習の時間と総合的な探究の時間と STEAM 教育との関係（図表13-8を再掲）[34]

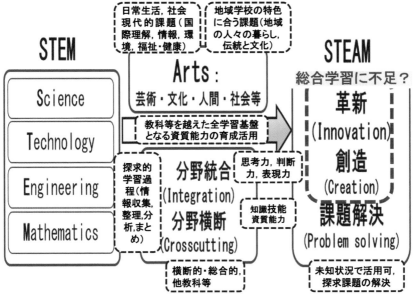

する要因が含まれる。さらに，表現の際にその手法が限定されないかが危惧される。ともかく創造性につなげるにはどうしたらよいであろうか。探究の過程の中に Aem と Aex を発揮させる機会を作ることが必要である。

14-7. 改訂タクソノミーと探究の過程との関係づけ

　創造性を身に付けることを明らかにするには，成果水準を創造性の段階にあることを示す必要がある。

　図表14-9に示すように改訂タクソノミーでも成果水準は創造性が不足する可能性がある。それを補う工夫を図表14-10に示す。この改訂タクソノミーと探究の過程を結びつけた指導方法を考案した。

図表14-9. 総合的な学習の時間と総合的な探究の時間と統合方法，統合水準，成果水準（図表13-9を再掲）

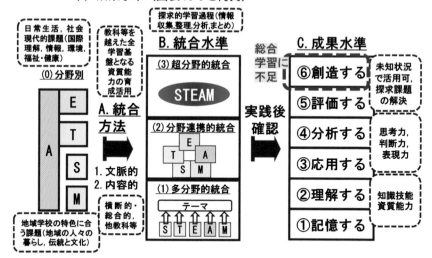

図表14-10. 改訂タクソノミーと探究の過程との関係図

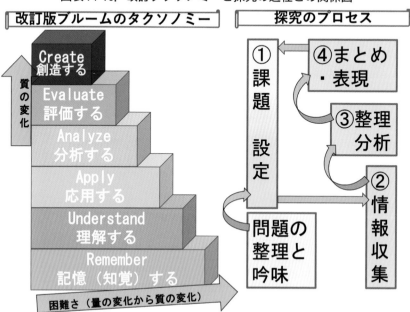

　図表14-10は改訂タクソノミーと探究のプロセスの関係を示す。探究のプロセスの①課題設定と④まとめ・表現の段階を，改訂タクソノミーの「創造する」に相当する（関係づけやすい）と位置付けた。

　①課題設定の内容は，個人，グループに依存しやすく，個性的な点を引き出せる可能性がある。この段階で全ての個人が同じ課題を掲げることは考えにくい。いわば，個人の芸術的感性的な要素（Aem）が入りやすく，拡散思考が使われるであろう。

　④まとめ・表現の段階には，個人の独特な表現が許容されるならば，個人の芸術的表現的な要素（Aex）が発揮されるであろう。

　②情報収集と③整理分析の段階に個性が反映されないとは言い切れないが，ある面，機械的作業の段階であると考えられる。

 ## 第14章　まとめ

1．探究の学習過程は，①課題設定，②情報収集，③整理・分析，④まとめ・表現の過程をたどることが一つのサイクルである。

2．このサイクルは課題解決に使われる手段の一つであるが，繰り返すことでそのパターンを身に付け，高い水準の課題解決に向かうこともできる。

3．勧められているのは，人間同士，人間が築いた社会的仕組と個人との関係などの課題である。自然との関係，色，形，音，言語，身体，あるいは味覚でどう捉え，それを表現するかはあまり問題にならない可能性がある。

4．社会科の中身を分析・解析し，構成要素をたどっていくとほとんどの学問分野（教科）に行き着く。社会科そのものが Arts ならば，社会科の内容を解析することで他の要素との統合を示しやすい。

5．総合的な学習と総合的な探究の時間は，テーマが限定され，Aの芸術的な要素が薄まっているので，改訂タクソノ

ミーの最上水準にある創造性の育成にはたどり着きにく
い。

6．課題設定やまとめ・表現の過程で，創造性を発揮できるこ
とを促す感性的要素を容認することも一つの案である。

第15章

学びに向かう力，人間性等

15-1. 学びに向かう力，人間性等の要素 [44-46]

　総合的な学習の時間と総合的な探究の時間で定義される学びに向かう力，人間性等は，非認知的能力に分類される（図表15-1）。それらの要素は，①探究的な学習に主体的・協働的に取り組む，②互いのよさを生かす，③積極的に社会に参画しようとする態度である（総合的な探究の時間では③新たな価値を創造し，④よりよい社会を実現しようとする態度養成）。

図表15-1. 総合的な学習の時間，総合的な探究の時間で育成する資質・能力（図表13-6に内容追加）

目標	種類・区分		小中学校	高等学校
2.育成する資質・能力	認知的能力	主に内容知	**(1)知識及び技能**：探求的な学習過程において，①課題解決に必要な知識及び技能を身に付け，②課題に関わる概念を形成し，探求的な学習のよさを理解する。	**(1)知識及び技能**：探求的な学習過程で，①課題発見と解決に必要な知識技能を身につけ，②課題に関わる概念形成し，③探求の意義や価値を理解する。
		主に方法知	**(2)思考力,判断力,表現力等**：①実社会,実生活の中から問いを見いだし，②自分で課題を立て，③情報を集め，④整理・分析して，⑤まとめ・表現することができる。	**(2)思考力,判断力,表現力等**：①実社会,実生活と自己との関わりから問いを見いだし，②自分で課題を立て，③情報を集め，④整理・分析して，⑤まとめ・表現することができる。
（成果）	非認知的能力		**(3)学びに向かう力,人間性等**：①探究的な学習に主体的・協働的に取り組むとともに，②互いのよさを生かしながら，③積極的に社会に参画しようとする態度を養う。	**(3)学びに向かう力,人間性等**：①探究的に主体的・協働的に取り組むとともに，②互いのよさを生かしながら，③新たな価値を創造し，④よりよい社会を実現しようとする態度養成。

非認知的能力とともに認知的能力を養うため，図表15-2にあるような手段が求められている。それは学習の在り方であり，(1)探究的な見方・考え方を働かせ，(2)教科間等で横断的・総合的な学習を行い，(3)よりよく課題を解決し自己の生き方を考えていくという探究の過程を経ることである。

図表15-2. 総合的な学習の時間，総合的な探究の時間での学習の在り方（図表13-5）

目標	小中学校	高等学校
1. 学習の在り方（手段）	(1) 探究的な見方・考え方を働かせる。 (2) 横断的・総合的な学習を行う。 (3) よりよく**課題を解決**し，自己の生き方を考えていく。	(1) 探究的な見方・考え方を働かせる。 (2) 横断的・総合的な学習を行う。 (3) 自己の在り方生き方を考えながら，よりよく**課題を発見し解決**していく。

　それでは，探究の過程でこれらの手段を用いることによって，どのように非認知的能力である学びに向かう力，人間性を育成できるのであろうか。探究の過程から考えていこう。

15-2. 探究の過程と学びに向かう力，人間性

　まず，探究とは，「問題解決的な学習を発展的に繰り返す」ことであり，問題の整理と吟味を行った後に，①課題設定し，②情報収集し，③整理分析し，④まとめ・表現する過程である。この結果から新たな課題を設定し，この過程を繰り返すことも含まれる。このような探究の課程（図表15-3）は認知的能力が育成できると考えられる。

　このような過程を踏んで学んでいく方法にはいくつか考えられる。まず，この過程をすべて個人が1人で実施する方法がある。誰にも頼らず，自分だけでこの過程を踏んでいくことはまさに主体的な学びにはつながるであろうし，他者と異なる情報を収集して，自分でまとめて個性的な課題解決につながる可能性がある。

図表15-3．探究の過程（図表14-2に内容追加）

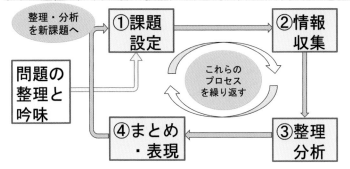

探究（inquiry）：「問題解決的な学習を発展的に繰り返す」。
小中学校では「探究的な見方・考え方を働かせる」。
高等学校では「探究の見方・考え方を働かせる」。 **認知的能力**

以下の過程で，(1)知識・技能，(2)思考力,判断力,表現力を育成

整理・分析を新課題へ → ①課題設定 → ②情報収集

問題の整理と吟味

これらのプロセスを繰り返す

④まとめ・表現 ← ③整理分析

　しかし，これだけでは個人的思い込みに留まることも有り得る。そこで，課題設定の段階からグループでの学習を行うことで，協働的な学びが可能となる。個人が持っている情報をグループ内で共有し，各人が意見を述べて課題の方向性をまとめていく。この進め方は，①〜④までの全ての段階で用いることができる。その議論の際に，単に他者の考えを否定するのでなく，自分との相違点を明確にしつつ，他者の考えについての同意をすることも必要であろう。各人の意見には論理的な要素と志向性や好みの要素が含まれることもある。その場合，他者が同調することもあろうが，その逆も有り得る。各人はその内容と自分，または他者との距離感を測りながら議論を進めることもあろう。そのような複雑なことへの考慮も含め，形を整える作業が司会者によって容易になることもある。ただし，グループでの議論だけでは，自分の意見を強く主張する個人がいることもあり，自分の意見を強く主張せず，面倒をさける個人もいるだろう。そうなると，必ずしも主体的と言えない状況が有り得る。

　そのような場合，グループでのテーマ設定を行った後，役割分担することで個人の主体的な学びの形体はある程度保たれる。個人はグループ

での大きなテーマに関わるとともに，自分の小さなテーマには主体的に
取り組める。さらには，大きなテーマについての全体での議論の中で，
他者から自分のテーマ進行についてのアドバイスをもらえる。また，各
個人は大きなテーマへの関係性を意識し，まさに協働的な学びができる
ことになる。それでは理想的な学びはどのようなものであろうか。

　このような探究的な学びの繰り返しの具体例を見ていこう（図表15-4）。

図表15-4. 探究の過程の繰り返しの例（図表14-3）

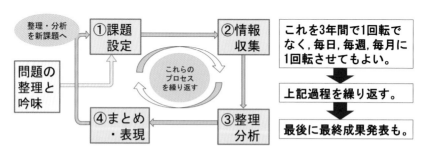

（例1）①あるお菓子の色について考えたい。
サイクル1　②本を調べて色素について知った。
　　　　　③表にまとめた。
　　　　　④よく見ると日本でのデータしかなかった。

サイクル2　①世界でどうなっているかを調べるべきと考えた。
　　　　　②世界各地のデータを集めた。
　　　　　③アジア，ヨーロッパ，アフリカ，アメリカで利用色は異なった。
　　　　　④異なる色の利用状況を色鉛筆の絵で表現し，説明文を加えた。

　この過程のサイクル１（最初のサイクル）では，曖昧な課題設定にな
る可能性がある。それは当初から，何を中心に問題整理と吟味を進める
か，情報収集を進めればよいかが明確になるとは限らないからである。
まずは曖昧でも課題設定して進めてみることも重要である。次のサイク
ルでは最初のサイクルでのまとめの内容に課題を発見し，それを改善す
るとか，新しい方向への興味の展開があれば，そちらに進めてよい。こ
のことを繰り返し，課題が具体的になり，実施しているグループや本人
の興味関心が高まるだろう。

　グループで始めた課題に対する興味が薄れた児童生徒がいれば，別の
グループに移ることがあってよいだろう。そのことが継続されると，課
題毎に構成員は充実してくる。そこで，最初のグループから離れていく
児童生徒，別のグループから入ってきた児童生徒を，それぞれの構成員
が最初から認めるようにすることが重要である。それは各人を協働的な
学びに適応させることにつながる。それでは，社会との関わりについて
の見方はどのようになされるであろうか。

15-3. 社会との関わりを深めることについて

　ここまでの探究過程の展開にともなって育成できる学びに向かう力と
人間性については，図表15-5に概念図を示す。

　学びに向かう力，人間性等は，「自分自身に関すること」と「他者や
社会との関わりに関すること」に区分した捉え方がされている。前者は
自己理解と主体性育成に関係し，後者は他者理解と協働性育成に関係す
る。将来展望については自己に関することであるので前者に，社会参画
については後者に関係する。この図では，「自分自身に関すること」と
「他者や社会との関わりに関すること」に区分された領域の双方から他
方への矢印が書かれている。学習指導要領解説には，「自分自身に関す
ることと他者や社会との関わりに関する二つのバランスをとり，関係を
意識することである」とある。矢印はこの意味であると想定される。し
かし，「主体性と協働性とは互いに影響し合っているものであり，自己
の理解なくして他者を深く理解することは難しい」とあり，完全に別の
こととではないと認めている。そうすると，「自分自身に関すること」
と「他者や社会との関わりに関すること」とを，完全区分された二つの
ことと捉える概念図と矛盾するとも解釈できる。実際にはこの両者には
関わりがあり，多分，階層性や重なりがあることがわかる。

　また，他者，協調性，社会が強調されすぎると自由な発想が削られ
る。そのことは，STEAM教育の目的からはずれると見ることができ
る。

図表15-5. 探究の過程を通して学びに向かう力と人間性を養う [45]

〇中学校学習指導要領（平成29年告示）解説　総合的な学習の時間編, p. 78

学びに向かう力，人間性等			
	例）自己理解・他者理解	例）主体性・協調性	例）将来展望・社会参画
自分自身に関すること	探究的な活動を通して，自分の生活を見直し，自分の特徴やよさを理解しようとする	自分の意思で，目標を持って課題解決に向けた探究に取り組もうとする	探究的な活動を通して，自己の生き方を考え，夢や希望などを持とうとする
他者や社会との関わりに関すること	探究的な活動を通して，異なる意見や他者のかんがえを受け入れて尊重しようとする	自他のよさを生かしながら協力して問題解決に向けた探究に取り組もうとする	探究的な活動を通して，進んで実社会・実生活の問題の解決に取り組もうとする

〇「学びに向かう力，人間性等」とSTEAM教育との関係

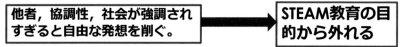

他者，協調性，社会が強調されすぎると自由な発想を削ぐ。 → STEAM教育の目的から外れる

15-4. 主体的学びと協働的学びの組合せ

　図表15-6に自ら課題設定すること，主体的学び，協働的学びの組合せについてまとめる。いくつかの組合せがあるが，協働的学びを強調しすぎると，主体的な学びが弱まることもあるだろう。ここには6通りの組合せを書いた。

　協働的な学びについては，その過程（グループ学習など）を経験して協働的な学びという成果に結びつくとは限らないので，過程経験と成果が同時に達成されるとは限らない。そのため，〇と×が異なることがある。一方，主体的な学びの一環として自ら課題設定を行ったとすると，その時点で主体的な学びを実施し経験したことになるため，実施と課題設定は〇×で同じ印になる。

図表15-6.　探究的な学習における協働的学びと主体的な学びの関係

学び	協働的学び		主体的学び	
組合せ	過程経験	成果	実施	自ら課題設定
1	×	×	○	○
2	×	×	×	×
3	○	○	○	○
4	○	○	×	×
5	○	×	○	○
6	○	×	×	×

1,3,5:　主体的学びの実施○と自ら課題設定○は重なる。
3,4：　協働的学びの成果は新発見を意味するが，他人の考えの影響を受け，完全に自ら課題設定とならないこともある。

　1では協働的学びを行わない場合，主体的な学びをすることは可能である。2では協働的な学びも主体的な学びもしない場合である。単なる知識伝達はこれに相当するであろう。3では協働的な学びも，主体的な学びも両方とも行い成果がある場合である。4では協働的な学びを行って成果が上がるが，主体的な学びと課題設定が受け身的になり，主体性が高まらない学びである。5では協働的な学びの過程を経ても他者とは距離を置いて，その成果が上がらないが，個人の主体的な課題設定は行うことを想定している。6では協働的な学びの過程を経ていても，単に他者に表面上合わせているだけで，成果が上がらず，主体的な学びも行わないことを想定している。

　以上のように，協働的学びと主体的学びが常に連動するとは限らない。また，協働的な学びによって，個人の独創的な発想が生かされずに埋没することも有り得る。むしろ，協働的な学びを行わずに，個人だけの主体的な学びを行っていくことで独創性が生かされることも有り得る。これはSTEAM教育の目的につながる。しかし，協働的な学びが個

人の新しい発想につながることも有り得る。協働的な学びと主体的な学びの成果が上がるかどうかは，プロジェクトを進めるグループの状態とそれに参加する個人の特徴によっても変化が有り得る。そのため，協働的な学びの過程を経験するところから始めると，その状況に応じて個人がどのような役割を果たすかの学びに集中することも一つの選択肢である。協働的な学びを多く経験していない児童生徒は，まずはこのような協働的な学びをある程度経験し，自分をどのように生かし，またプロジェクトに対してどのように貢献できるかを考える機会を与えることが重要であろう。そこには自分とグループをいわば客観的に見つめる場を提供できる可能性がある。

15-5. 協働的学びと主体的学びを満たす課題解決グループの作り方の例

　これまで，協働的学びと主体的学びの両者を果たせる状況・場面について考察してきたが，各児童生徒がもつ興味と得意不得意の影響については考察しなかった。しかし，グループの課題内容と種類，各児童生徒の興味の範囲および得意不得意分野によって取り組み方が変わるであろう。

　一つの提案として，⑴たとえば学校の課題からクラスの大きな課題を設定し，⑵その内容を区分していくつかの関連小課題を設定する。ただし，そのテーマの階層性は全てのグループで同程度とすることが必要であり，その課題設定はクラス全体で議論することも選択肢である。⑶次に，小テーマ毎に担当希望者を募り，各テーマの実施構成員を決める。それは，各児童生徒が自分の興味関心に基づいて自分で主体的に選択した過程となる。この選択の過程で，各児童生徒がグループの構成員によって自分が所属するグループを選択することも含まれる。何れにしても，自分の興味関心と他者との相性を考慮して主体的に選択する過程を経たことになる。

　次に，グループ毎に話し合いを行わせて，グループの中での役割分担

をさせる。この役割は課題の内容をさらに細分化して，その担当を決めることもあるだろう。このように個人毎のテーマが決まれば，各人が自分の担当にある程度責任を持って主体的に取り組める。このグループ毎の話し合いは一定期間毎に実施させ，個人にある課題が生まれたときも臨時に行わせることで，各児童生徒の課題を効率的に解決できる。それとともに，グループの他者の課題を共有し，各人が他者にできるアドバイスを行うことで，主体性を維持した上での協働的な学びができることになる。このような学びの方法を継続させていくことは，主体的学びと協働的学びに有効であろう。

　中間的あるいは最終的な発表機会があれば，その口頭発表またはポスター発表における担当領域を決めることで協働的な学びが行われ，その担当者が責任を持って自分の持ち分を発表することで主体的な学びも達成できる。

15-6. 協働的学びによる教科内容の関係性

　ここまでは協働的な学びと主体的学びを両方とも達成できるグループの作り方と運営方法の例について述べてきた。それでは，このような取り組みで教科の内容はどのように連携するのであろうか。児童生徒はそれぞれ自分の得意科目と不得意科目をもち，それらが他の児童生徒と関わり，そこから新たな発見が生まれることも予想できる。グループ学習の中で教科の内容がどのように関わるかについて，図表15-7（図表5-9を再掲）に示す。

　この図表は，すでに説明した第二言語習得の過程を他教科の学習に当てはめて，教科間の関係を説明した内容である。横軸は学びの進行を示しており，Input ⇒ Intake ⇒ Integration ⇒ Output と Outcome から成る。Input は論理と経験からなり，それを内在化したのが Intake であり，内在化した論理と経験を統合したのが Integration である。ここにはないが，新たな発想を生む Inspiration が生まれ，それが具体的な何かを生み

図表15-7. 探究的な学習における協働的学びと主体的な学びの関係（図表5-9）[22]

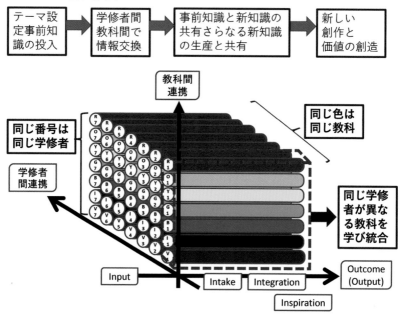

出す Output となり，その内容に新しい質の要素が Outcome である。

　これらの学びの際に縦方向の軸に合わせた教科内容間の統合が可能性としてある。同じ教科の中での学びならば，他教科間の統合は目立たないが，この学びが総合的な学習の時間や総合的な探究の時間であれば，課題の内容はそれだけで複数教科等に関わっているので，このような複数教科間の統合が頻繁に起こりえる。

　さらに，奥側方向には同じグループに所属し，同じ課題に沿って学びをする児童生徒間での教科内容の統合を示している。これは協働的な学びの過程で生まれる。

第15章　まとめ

1. 総合的な学習の時間，総合的な探究の時間で育成する資質・能力には，認知的能力（(1)知識及び技能，(2)思考力，判断力，表現力等）と非認知的能力である(3)学びに向かう力，人間性等がある。

2. 学びに向かう力，人間性等は探究課程の中で育成・発揮される。
   それは，①探究的な学習に主体的・協働的に取り組む，②互いのよさを生かす，③積極的に社会参画する態度（高等学校の総合的な探究の時間では，③新たな価値を創造し，④よりよい社会を実現しようとする態度養成）という要素から成る。

3. 協働的な学びを強調しすぎると，個人の価値観や考え方を圧迫して発揮しにくい状態を作り得るので，場合によってはSTEAM教育の目的である創造性育成から離れることがある。

4. 主体的な学びを維持するには，グループとしてのテーマは維持しつつ，その内容を分担して個人テーマを設定していくことが重要である。また，最終的な発表も分担して行うことが必要である。

5. グループ学習は各構成員の学力と経験等の違いによって，いわば人を通した教科横断的な内容にできる可能性がある。同様に，指導する教員が異なる教科であっても，教科横断やSTEAM教育につなげられる可能性がある。

第16章

総合的な学習の時間の計画とSTEAM教育

16-1. 総合的な学習の時間の全体構造

下記に総合的な学習の時間の全体構造を示す（図表16-1）[44, 45]。

図表16-1. 総合的な学習の時間の全体構造

目標

1(1) 第1の目標：学習の在り方と資質・能力
1(2) 各学校が定める教育の目標
2. 学校において定める総合的な学習の時間の目標：
1(1)と1(2)を踏まえ，「児童生徒が達成すべき資質・能力」で示す。

他教科と関連づけ

内容

目標を達成するにふさわしい
探究課題＜課題の例＞
○現代的な諸課題に対応する横断的・総合的な課題
○地域や学校の特色に応じた課題
○生徒の興味・関心に基づく課題
○職業や自己と将来に関する課題

課題解決
課題への取組

探究課題の解決を通して解決を目指す
具体的な資質・能力

知識及び技能：他教科や総合的な学習で身に付ける知識および技能が相互に関連付けられ，社会の中で生きて働くものとして形成されるようにする。

思考力，判断力，表現力等：探究的な学習の過程において発揮され，未知の状況において活用できるものとして身に付けられるようにする。

学びに向かう力，人間力等：自分自身に関すること及び他者や社会に関することの両方の視点を踏まえる。

相互に関連付け，学習や生活で生かし，総合的に働くように

他教科等で身に付けた資質・能力

指導計画

教科等を越えたすべての学習の基盤となる資質・能力

情報活用能力：探究的な学習過程において，コンピューターや情報通信ネットワークを適切かつ効果的に活用して，情報を収集・整理・発信するなどの学習活動（情報や情報手段を主体的に選択できるように配慮）。

言語能力
○他者と協働して課題を解決しようとする学習活動
○言語により分析し，まとめたり表現したりするなどの学習活動

関連付ける

考えるための技法
比較する，分類する，関連付けるなど

（中学校学習指導要領（平成29年告示）解説　総合的な学習の時間編［45］）

全体構造は，目標，内容，指導計画，他教科等との関連づけから成る。

まず，目標については，関連する３種類の目標である１(1)第１の目

標，1 (2) 各学校が定める教育の目標，2．学校において定める総合的な学習の時間の目標が書かれている。1 (1) 第1の目標とは，学習指導要領の解説 [44, 45] にあるように，2つの要素からなる。1つは学習の在り方（手段といえる過程を経る）ともう1つは資質・能力である（成果としての資質能力といえる）。1 (2) 各学校が定める教育の目標は学校毎に定められている目標のことであり，その地域性や学校の歴史が関係していることが多い。2．学校において定める総合的な学習の時間の目標は，その学校が総合的な学習の時間で児童生徒が育成することを目指す資質・能力である。これらの関係は，1 (1) と 1 (2) を踏まえた上で2を決めるという過程を経ることである。

　内容については，まず，探究課題の具体的な内容が示され，目標を達成するためにふさわしい課題に設定する。地域や学校の特色に応じた課題，生徒の興味・関心に基づく課題，職業や自己の将来に関する課題が例として挙げられている。次に，探究課題の解決を通して具体的に目指す資質・能力が示されている。それを構成する要素は次の3点である。①知識及び技能：他教科等及び総合的な学習の時間で修得する知識及び技能が，相互に関連付けられ，社会の中で生きて働くものとして形成されるようにする。②思考力，判断力，表現力等：探究的な学習の過程において発揮され，未知の状況において活用できるものとして身に付けられるようにする。③学びに向かう力，人間性等：自分自身に関すること及び他者と社会との関わりに関することの両方の視点を踏まえる。

　指導計画では，教科等を超えた全ての学習基盤となる資質・能力が育まれ，活用されることが求められる。その資質・能力には，情報活用能力と言語能力，そして考えるための技法が出されている。

　他教科等との関連付けは，他教科等で身に付けた資質・能力を相互に関連付け，学習や生活において生かし，それらが総合的に働くようにすることとされる。

16-2. 総合的な学習の時間の目標

まず，目標についてさらに詳しく考えよう（図表16-2）。

図表16-2. 総合的な学習の時間の目標から内容へ

3種類の目標と探究課題：
◎目標：1（1）第1の目標；1（2）各学校の教育目標；2. 各学校において定める目標（「総合的な学習の時間の目標」で，「育成を目指す資質・能力」を示す。）
◎探究課題：目標達成のための課題，学習対象。

3種類の目標の関係	1（1）第1の目標：学習の在り方と資質・能力
	1（2）各学校が定める教育の目標
	2. 学校において定める総合的な学習の時間の目標：1（1）と1（2）を踏まえ，「児童生徒が達成すべき資質・能力」で示す。

・「**総合的な学習の時間の目標は，学校の教育目標と直接つながるもの**」p. 85
・「各学校が総合的な学習の時間の目標を設定するに当たっては，各学校の教育目標を踏まえて設定する」p. 6。ただし，**総合的な学習の時間の目標≠学校の教育目標**
・総合的な学習の時間の第1の目標（目標1と目標2）を踏まえ，どのような児童生徒を育て，どの様な資質能力を育てようとするかを明確にし，学習活動の在り方を表現。

　ここで目標は，学習の在り方（手段）と資質・能力（成果）という2つの要素から成ることは全体構造で示した。これらは第1の目標であり，学校の教育目標と関連付けて，「総合的な学習の時間」の目標を，育成すべき資質・能力として定める必要がある。ここまで，前提となる条件が定められると，目標である育成すべき資質・能力で他校との違いを出すには，学校の教育目標に沿った内容が求められる。

　ここまでは，原則的な議論であったが，各学校が置かれた地理的，文化的，教員都合等の観点から考えると，むしろこのような学校事情から目標が限定されることが有り得る。まずは，その限定条件から目標を選択し，広げていく方向も有り得るだろうし，それが現実的かもしれない。

　それでは，第1の目標の手段について再度考えよう（図表16-3）。

図表16-3.　総合的な学習の時間，総合的な探究の時間での学習の在り方（図表13-5）

目標	小中学校	高等学校
1. 学習の在り方（手段）	(1) 探究的な見方・考え方を働かせる。	(1) 探究的な見方・考え方を働かせる。
	(2) 横断的・総合的な学習を行う。	(2) 横断的・総合的な学習を行う。
	(3) よりよく**課題を解決し**，**自己の生き方**を考えていく。	(3) **自己の在り方生き方**を考えながら，よりよく**課題を発見し**解決していく。

　これらは学習の手段を示している。(1)探究的な見方・考え方を働かせることは，探究学習の過程を繰り返すことで実施できることになる。

　(2)横断的・総合的な学習を行うことについては，複数教科の異なる概念をある目的に用いること（Multidisciplinary Integration），複数教科の共通の概念を用いること（Interdisciplinary Integration）が含まれると考えられる。これらについては，横断的，統合的という考え方も含めすでに何度か論じた。後述するように，この学習で必ず使用される言語能力（国語科と外国語科に由来），情報活用能力（技術科と数学科に由来）も横断に使用される方法と考えられる。ただし，学習指導要領解説では，教科間の関係性や階層性については詳しい記述はなされていない。単に資質・能力を反映させることが記されている。

　(3)よりよく課題解決し（高校では発見も），自己の生き方（高校では在り方も）を考えることについては，①人や社会，自然との関わりにおいて，自らの行動について考えていくこと，②自分にとっての学ぶことの意味や価値を考えていくこと：取り組んだ学習活動を通して，自分の考えや意見を深める；学習の有用感を味わうなどして学ぶことの意味を自覚する。③は①と②を生かして，学習の成果から達成感や自信をもち，自分のよさや可能性に気付き，自分の人生や将来，職業について考えていくこととある。

　次に，目標の中の，育成する資質能力について説明しよう（図表16-4）。

　この内容は総合的な学習の時間，総合的な探究の時間によって，児童生徒が達成するべき成果に該当する。

図表16-4. 総合的な学習の時間，総合的な探究の時間で育成する資質・能力
（図表13-6に内容追加）

目標	種類・区分		小中学校	高等学校
2. 育成する資質・能力 （成果）	認知的能力	主に内容知	(1)知識及び技能：探求的な学習過程において，①課題解決に必要な知識及び技能を身に付け，②課題に関わる概念を形成し，探求的な学習のよさを理解する。	(1)知識及び技能：探求的な学習過程で，①課題発見と解決に必要な知識技能を身につけ，②課題に関わる概念形成し，③探求の意義や価値を理解する。
		主に方法知	(2)思考力，判断力，表現力等：①実社会，実生活の中から問いを見いだし，②自分で課題を立て，③情報を集め，④整理・分析して，⑤まとめ・表現することができる。	(2)思考力，判断力，表現力等：①実社会，実生活と自己との関わりから問いを見いだし，②自分で課題を立て，③情報を集め，④整理・分析して，⑤まとめ・表現することができる。
	非認知的能力		(3)学びに向かう力，人間性等：①探究的な学習に主体的・協働的に取り組むとともに，②互いのよさを生かしながら，③積極的に社会に参画しようとする態度を養う。	(3)学びに向かう力，人間性等：①探究的に主体的・協働的に取り組むとともに，②互いのよさを生かしながら，③新たな価値を創造し，④よりよい社会を実現しようとする態度養成。

　すでに第13章でも述べた。これらを能力という点で分類すると(1)と(2)は認知的能力に該当し，(1)は主に内容知，(2)は主に方法知に該当する。そして，(3)は非認知的能力と言えるだろう。

16-3. 総合的な学習の時間の内容

　次に内容について考えよう（図表16-5）。

　学校において定める内容については他教科の目標・内容に留意し，資質・能力との関連を重視する用途が書かれている。内容に関連して，学校が定める目標及び内容の取り扱いについては，まず，探究課題として目標達成のため設定した課題と学習対象を示すことになっている。そこで注意すべきことは，学校が定める探究課題に関連して，児童生徒が自ら課題を設定することである。

図表16-5.　総合的な学習の時間の内容について

内容：他教科の目標・内容に留意し，資質・能力関連との重視。	探究課題：学校が「総合的な学習の時間」の目標達成のため設定した課題，学習対象。 探究課題≠児童生徒が自ら設定する課題（例）「自然環境に応じた人と動植物の暮らし」「徳島の伝統文化とその継承」	探究課題の解決で育成する資質・能力：探究課題の解決を通してどのような資質・能力を育成するかを具体的に示す。

16-4.　総合的な学習の時間の指導計画

指導計画について考える（図表16-6）。

　指導計画での内容の取り扱いについては，３点が挙げられている。それらは，①情報活用能力：コンピューターや情報通信ネットワークなどを適切かつ効果的に活用し，情報を収集・整理・発信するなどの学習活動であり，情報手段の主体的選択に配慮することが求められる。②言語能力：他者と協働の課題解決，言語により分析し，まとめたり表現したりするなどの学習活動を行うことである。③考えるための技法：比較する，分類する，関連付けるなど考えるための技法活用である。③は②での学習活動で活用されることが求められている。これら３点（①〜③）は全ての学習の基盤となる資質・能力であり，重視すべきとされる。

　尚，③考えるための技法については，すでに第２，３章で示した*A Framework for K-12 Science Education* における Crosscutting concepts（横断の概念）も使用できるであろう。また，5W1H に関する自問も有用で

図表16-6. 総合的な学習の時間の指導計画について

指導計画

教科等を越えたすべての学習の基盤となる資質・能力

情報活用能力

：探究的な学習過程において，コンピューターや情報通信ネットワークを適切かつ効果的に活用して，情報を収集・整理・発信するなどの学習活動（情報や情報手段を主体的に選択できるように配慮）。

言語能力

○他者と協働して課題を解決しようとする学習活動
○言語により分析し，まとめたり表現するなどの学習活動

関連付ける

考えるための技法

比較する，分類する，関連付けるなど

情報活用能力：コンピューターや情報通信ネットワークなどを適切かつ効果的に活用し，情報を収集・整理・発信するなどの学習活動。情報手段の主体的選択に配慮。

言語能力：他者と協働の課題解決，言語により分析し，まとめたり表現したりするなどの学習活動を行う。

考えるための技法：比較する，分類する，関連付けるなど考えるための技法活用。

視点にSTEM/STEAMの概念横断も可能：パターン，原因，結果，大きさ，比率，量，システム（仕組），モデル，エネルギーと物質，構造，機能，安定，変化（例）「大きさで比較」，「機能で分類」など
視点に5W1Hも可能：

あろう。単に「比較する，分類する，関連付ける」という技法では，具体性が出にくい。どういう視点で比較し，分類し，関連付けるかで具体的な作業が生まれる。たとえば，以下の図表16-7と図表16-8のように様々なやり方が可能である。

図表16-7. 考える技法と視点（横断の概念で）

視点	比較する	分類する	関連付ける
パターン			
原因			
結果			
大きさ			
比率			
量			
システム			
モデル			
エネルギー			
物質			

構造			
機能			
安定			
変化			

　たとえば，「パターンで比較する」，「原因で分類する」，「比率で関連付ける」などである。

　図表16-7は具体的な視点を表示して比較したりしたが，図表16-8では5W1H を使った視点でデータを様々な点で分析，評価できる。

図表16-8.　考える技法と視点（5W1H で）

視点	比較する	分類する	関連付ける
What			
Who			
Where			
When			
Which			
How			

　たとえば，What を使うと図表16-7以外の視点である「色を比較する」，「組合せを分類する」，「その地域の文化と関連付ける」などがある。Who を使うと「誰がやったかで比較する」など，Where を使うと「どこで起こったかで分類する」，When を使うと「流行がいつだったかに関連付ける」，Which を使うと「道が山にあるか川沿いのどちらにあるかで分類する」，How を使うと「方法を関連付ける」「状態を関連付ける」などである。

16-5. 総合的な学習の時間の他教科との関連付け

次に，総合的な学習の時間と他教科との関連付けについて考えよう。

中学校学習指導要領　総合的な学習の時間の本文（[45]，p. 156）には他教科との関連付けについていくつかの説明がされている。まず，第2 各学校において定める目標及び内容の3(2)で，「各学校において定める目標及び内容については，他教科等の目標及び内容との違いに留意しつつ，他教科等で育成を目指す資質・能力との関連を重視すること」とある。その内容について，解説の中で（[45]の p. 25），「『知識及び技能』，『思考力，判断力，表現力等』，『学びに向かう力，人間性等』のそれぞれにおいて資質・能力を相互に関連付け，学習や生活に生かし，それらが総合的に働くようにするものである」と書かれている。これについての具体例として，「各教科等共通で特に重視したい態度などを総合的な学習の時間の目標において示し」，「各教科等で育成する『知識及び技能』や『思考力，判断力，表現力等』が総合的に働くような内容を総合的な学習の時間において設定」とある。

さらに，「総合的な学習の時間で育成を目指す資質・能力と，他教科等で育成を目指す資質・能力との共通点や相違点を明らかにして目標及び内容を定めることは，冒頭に示した教育過程全体において各教科等がそれぞれに役割を十分に果たし，教育過程が全体として適切に機能することに大きく寄与する」とある。しかし，この説明では，総合的な学習の時間で目指す資質・能力において，共通点がある教科は使えるが，共通点がない教科は使えないことを意味しているようにとれる。相違点がある教科は，総合的な学習の時間では使えないことになる。

そこで，第2の3(2)で示す他教科との内容の関連付けについて，図表16-9に示す（図表16-1の右側を含む）。

他教科との関連付けについては，各教科で学ぶ単元の内容をいわば時系列に並べ，学校内の年間実施計画で実施する内容（地域探訪や講演会出席などの行事での内容など）と結びつける方法があるだろう。このよ

図表16-9. 各教科の内容と資質・能力を総合的な学習の時間と関連付け

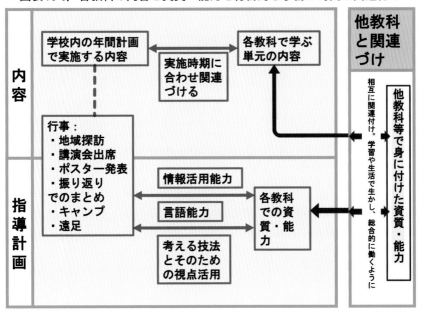

うにすることで，関連付けを時系列で確実に実施できるだろう。

　また，学習指導要領の本文（[45]，p. 157）第3指導計画の作成と内容の扱いの1(3)で，「他教科等および総合的な学習の時間で身に付けた資質・能力を相互に関連付け，学習や生活において生かし，それらが総合的に働くようにすること。その際，言語能力，情報活用能力など全ての学習の基礎となる資質・能力を重視すること」とある。1(4)では，「他教科等の目標及び内容との違いに留意しつつ，第1の目標および第2の各学校において定める目標と内容を踏まえた適切な学習活動を行うこと」とある。資質・能力における関連についてはすでに述べたが，言語能力，情報活用能力などを全ての学習の基礎と捉えて重視している。これらについては図表16-9の下の部分に示す。まずは，各教科の資質・能力を書き出し，それを行事に合わせて時系列に並べていく。その際には，考える技法とその視点，言語能力と情報活用能力を基礎として利用し，これらの能力をさらに高める。

第16章　まとめ

1. 総合的な学習の時間，総合的な探究の時間に関する目標は 1 (1)第1の目標である学習の手段と成果，1 (2)各学校における教育目標，2. 児童生徒の育成すべき資質・能力の3種類あり，1 (1)と1 (2)を踏まえて2. を作成することになっている。したがって，2. 児童生徒の育成すべき資質・能力が，総合的な学習と総合的な探究の時間の目標になる。

2. 内容としての探究課題は，児童生徒が自ら設定する課題を解決する手段として探究の過程を経ることと目標である資質・能力を重視することになっている。社会と地域との関連も重視されているとも解釈できる。

3. 指導計画では，年間計画とともに，全ての教科に関連する言語能力と情報活用能力，考える技法を重視することになっている。

4. また，他教科の資質・能力との関連も重要とされる。

5. STEAM 教育に結びつけるためには，拡散思考を働かせる open-ended question である5W1H, If を使うことも推奨される。

6. 以上の様々な要素を考慮した計画の設定と実施が求められている。

あ と が き

　STEAM 教育は，STEM 教育に含まれる科学，技術，工学，数学的な学問分野（教科）の内容を関連づけ，相互の役割を発揮させることを基礎に，Arts の力により価値ある課題解決，創造や表現を生む教育である。その方法と価値の方向性は人によって異なる。STEAM 教育重視の理由は，いわば AI（Artificial Intelligence）にない人間個人の発想，価値観を反映させ，独自の解決策を出して創造し表現することでもある。

　科学での研究と知識拡大には価値があるが，その分野での論理的価値に留まっていることがある。場合によっては，研究を達成した満足感に留まる個人的価値でしかない。しかし，それを他の学問分野，他の個人，社会へと新しい価値を展開できるのは，自由な発想であり，異なることに結びつける Arts である。ただし，リベラルアーツ（方法論）と芸術（内容論）の役割を同一視することには問題がある。リベラルアーツ（方法論）は別な見方をすることに重点を置いているが，芸術の感性的認識的要素（内容）はすべての教科内容と個性と創造性の源泉だからである。

　本書では，Arts としての芸術の重要性を掲げ，STEM 教育と STEAM 教育が生まれた歴史的経緯，学問分野（教科）間の関係性を論じてきた。学問分野（教科）間の関係性を知り，教科内容の統合について知ることは，STEAM 教育には重要であると考える。以上の知識と考え方を基礎に，総合的な学習の時間等で，教師自身が児童生徒の創造力を引き出し表現させる授業展開をすると，教師自身が創造的になれる。教師が行う各教科の授業でも，教材，授業展開，カリキュラム編成を実際に試す（実験する）と，有効性と改善すべき点を明らかにできる。これは科学者の側面である。そこから新しい教材，授業展開，カリキュラム編成をデザインできる。これは芸術家の創造的側面である。具体的な事象やデータを基礎として，教師個人の発想を生かして創造的授業を生み出せる。創造的授業の成果としては，子供たちの創造力を引き出し高めるこ

とが最も重要であるが，それにより教師は自分の授業効果を実感できる。教師は子供たちを創造的にする授業を創造したことで芸術家となったのである。「教師は科学者であり芸術家である」。STEAM 教育は子供と教師の創造性育成の駆動力になるに違いない。

　最後に，本書の出版にご尽力いただいた東京図書出版の担当者の方々に感謝申し上げたい。

2023 年 12 月 2 日
　　　鳴門教育大学大学院学校教育研究科教育探究総合コース
胸<ruby>組<rt>ぐみ</rt></ruby> 虎 胤

参考文献

［ 1 ］Sahin, "*A Practice-based Model of STEM Teaching: Stem Students on the Stage (SOS)* ™," p. 5, Sense Publishers, 2015.

［ 2 ］胸組虎胤，STEM教育とSTEAM教育 ― 歴史，定義，学問分野統合 ―，鳴門教育大学研究紀要，**34**，58–72，2019.（doi.org/10.24727/00028103）.

［ 3 ］ホーマー・ヒッカム・ジュニア著（武者圭子訳），『ロケットボーイズ（上）』，p. 60，草思社，2000.

［ 4 ］A Nation at Risk. (https://edreform.com/wp-content/uploads/2013/02/A_Nation_At_Risk_1983.pdf).

［ 5 ］Journal of STEM Education：(https://jstem.org/jstem/index.php/JSTEM/article/view/1102/957).

［ 6 ］National Research Council. A Framework for K-12 Science Education: Practices, Crosscutting Concepts, and Core Ideas, 2012. (http://www.nap.edu/openbook.php?record_id=13165 &page=6).

［ 7 ］The National Academies Press, Next Generation Science Standards, 2013 (https://www.nextgenscience.org/).

［ 8 ］P. F. ドラッカー著，上田惇生訳，『テクノロジストの条件』，ダイヤモンド社，2005.

［ 9 ］国際エンジニアリング連合による定義：https://www.ieagreements.org/.

［10］D. Herschbach, "Technology education: foundations and perspectives," Homewood: American Technical Publishers, Inc. 2009.

［11］T. R. Kelley, J. G. Knowles, "A conceptual framework for integrated STEM education", *International Journal of STEM Education*, 2016, 3:11.

［12］D. A. Sousa, T. Pilecki, From STEM To STEAM, Corwin, 2013.；同日本語翻訳版：胸組虎胤訳，『AI時代を生きる子供のためのSTEAM教育』，幻冬舎，2017.; D. A. Sousa, T. Pilecki, From STEM To STEAM 2nd Ed., Corwin, 2018.

［13］安東恭一郎，金政孝，科学と芸術の融合による教育の可能性と課題：韓国STEAM教育の原理と実践場面の検討，美術教育学：美術科教育学会誌，**35**，pp. 61–77, 2014. (doi.org/10.24455/aaej.35.0_61).

［14］G. Yakman, "STEAM Integrated Education: an overview of creating a model of integrative education", pupils attitudes toward technology, 2006 Annual Proceedings, Netherlands, 2006.

［15］G. Yakman, "STΣ@M Education: an overview of creating a model of integrative education", 2008. (http://www. Steamed.com/2088_PATT_Publication.pdf).

［16］J. Vasquez, C. Sneider, M. Comer, "STEM lesson essentials, grade 3–8: integrating science, technology, engineering, and mathematics," Portsmouth, NH: Heineman, 2013.

［17］R. M. ロバーツ著，安藤喬志訳，『セレンディピティー ― 思いがけない発見・発明のドラマ ―』，化学同人，1993.

［18］宮永博史，『成功者の絶対法則 セレンディピティ』，祥伝社，2006.

［19］日本教科教育学会編，第1章教科教育学の歴史と成立，『教科教育研究ハンドブック』，教育出版，p. 6, 2017.

［20］宮本孝治，教科教育学研究と教師教育実践，そして教師教育研究，日本教科教育学会誌，**42**，83–88，2020.（doi.org/10.18993/jcrdajp.42.4_83）.

［21］日本教科教育学会編，第2章教科教育学とその課題，『教科教育研究ハンドブック』，教育出版，p. 13, 2017.

［22］胸組虎胤，教科内容学から見た教科の学修内容と学修過程：理科との関連も含め，鳴門教育大学研究紀要，**35**，60–73，2020.（doi.org/10.24727/00028555）.

［23］鉄人28号について（https://l-ap.jp/dictionary/kobe-tetsujin-project/）.

［24］胸組虎胤，起源，進化と生命の定義：理科教育への意義，*Viva Origino*, **42**，32–37，2014.（doi.org/10.50968/vivaorigino.42.4_32）.

［25］E. Schrödinger, *"What is life?"*, Cambridge University Press, Cambridge, 2002.；シュレッディンガー著，岡小天，鎮目恭夫訳，『生命とは何か』，岩波文庫，2008.

［26］原田馨，『生命の起源』，p. 20，東京大学出版会，1977.

[27] 竹林松二, 7．尿素の合成と生気論：ヴェーラーの尿素合成は生気論を打ち破ったか（化学史・常識のウソ），化学と教育，**35**，332–336，1987（doi.org/10.20665/kakyoshi.35.4_332）．

[28] 中村運，『生命進化40億年の風景』，p. 45，化学同人，1994.

[29] P. J. Bowler, Darwin's Originality, Science, **323**, 223–226, 2009.；アメリカ自然史博物館のホームページ（https://www.amnh.org/research/darwin-manu-scripts）．

[30] 胸組虎胤，早藤幸隆，物理・化学・生物・地学の重複領域 ―「生命」への観点と化学・生物に重なる教材 ―，日本教科内容学会誌，**2**，27–36，2016.

[31] 胸組虎胤，教科横断とSTEAM教育の授業開発の重要性 ― 教科間の関係性と新プロジェクトの作業提案―，日本教科内容学会誌，**8**，3–16，2022.

[32] 日本の理科の歴史に関する詳細記述は以下：板倉聖宣著，『増補　日本理科教育史』，仮設社，2009.

[33] 文部省，『自然の観察（1941）［復刻］』，農文協，2009.

[34] 胸組虎胤，STEM/STEAM教育のカリキュラムと理科（化学）の学習，化学と教育，**69**，320–323，2021.（doi.org/10.20665/kakyoshi.69.8_320）．

[35] 中央教育審議会，「令和の日本型学校教育」の構築を目指して〜全ての子供たちの可能性を引き出す，個別最適な学びと，協働的な学びの実現〜（答申）令和3年1月26日.（https://www.mext.go.jp/content/20210126-mxt_syoto02-000012321_1-4.pdf）

[36] 胸組虎胤，「理論と実践の往還」と「教科内容と授業実施の統合と融合」の意味と相互関係，鳴門教育大学研究紀要，**36**，55–69，2021.（doi.org/10.24727/00028972）．

[37] S. M. Drake, R. C. Burns, "*Meeting Standards Through Integrated Curriculum*," ASCD, 2004.

[38] 小竹無二雄，『誰そ彼』，六月社，1958.

[39] 胸組虎胤，STEAM教育に「アート」が必要なワケ，体育科教育，**67**，38–41，2019.

［40］B. S. Bloom (editor), M. D. Engelhart, E. J. Furst, W. H. Hill, and D. R. Krath-wohl, "The Taxonomy of Education Objectives", The Classification of Educa-tional Handbook I: Cognitive Domain, Addison-Wesley Longman Ltd., 1956.

［41］L. W. Anderson, D. R. Krathwohl, "A Taxonomy for Learning, Teaching, and Assessing: A Revision of Bloom's Taxonomy of Educational Objectives", Com-plete Edition, Addison-Wesley Longman Ltd., 2001.

［42］胸組虎胤, 学習, 学修, 学嵩と「気づき」の関係を改訂版タクソノミーとSTEAM教育の点から考える, 鳴門教育大学研究紀要, **37**, 130–143, 2022.（doi.org/10.24727/00029373）.

［43］N. C. Andreasen, "The creating brain: The neuroscience of genius." New York: Dana Press, 2005.

［44］小学校学習指導要領（平成29年告示）解説　総合的な学習の時間編, 2018.

［45］中学校学習指導要領（平成29年告示）解説　総合的な学習の時間編, 2018.

［46］高等学校学習指導要領（平成30年告示）解説　総合的な探究の時間編, 2019.

［47］高等学校学習指導要領（平成30年告示）解説　理数編, 2019.

［48］藤岡達也編著,『よくわかるSTEAM教育の基礎と実例』での胸組虎胤担当箇所, pp. 15–29, 2022.

［49］R. W. White, Motivation reconsidered: the concept of competence, Psychologi-cal Revies, 66, pp. 297–333, 1959.

［50］胸組虎胤, コンピテンシーベース教育の意味と教科内容が果たす役割, 鳴門教育大学研究紀要, **39**, 34–45, 2023.（doi.org/10.24727/00029705）.

索引

胸組　虎胤 （むねぐみ　とらたね）

埼玉県浦和市（現さいたま市浦和区）出身。
1979年群馬大学工学部応用化学科卒業，筑波大学大学院一貫制博士課程化学研究科修了（理学博士），米国カリフォルニア州ソーク生物学研究所（The Salk Institute for Biological Studies）博士研究員，筑波大学化学系技官，助手を経て国立小山工業高等専門学校助手，助教授から教授。2012年鳴門教育大学大学院学校教育研究科自然系コース（理科）教授，2022年同研究科教育探究総合コース特命教授。専門はSTEAM教育，化学教育，教科内容学，生物有機化学，化学進化と生命の起原。日本教科内容学会常任理事。日本化学会化学教育有効賞，日本工学教育協会賞（業績賞）受賞。

STEAM教育の実験とデザインが生む創造的教師
—— 科学者&芸術家（理論編）

2024年1月28日　初版第1刷発行

著　　者　胸組虎胤
発行者　中田典昭
発行所　東京図書出版
発行発売　株式会社 リフレ出版
　　　　　〒112-0001　東京都文京区白山 5-4-1-2F
　　　　　電話 (03)6772-7906　FAX 0120-41-8080
印　　刷　株式会社 ブレイン

© Toratane Munegumi
ISBN978-4-86641-687-8 C3037
Printed in Japan 2024
日本音楽著作権協会(出)許諾第2308696-301号